阿德勒的
恋爱秘籍
让火星金星更贴近

[日]岩井俊宪——著　汤永隆——译

浙江人民出版社

前言

近年来，对恋爱不感兴趣的年轻人有日益增加的趋势，据了解，年龄在20多岁到30多岁之间的年轻人没有恋人的比例接近70%。有些人可能并不是真的对恋爱不感兴趣，而是他们有强烈的“不想受到伤害”或“想避免麻烦”的想法，而且他们似乎意识到对他们来说“一个人更轻松”。

一旦交往或者结婚，情侣和夫妻之间有点争吵或有点误会很普遍，各种问题也会接踵出现。

我擅长于婚姻咨询，尤其关注无性婚姻的数量不断增加的现象。这不仅影响了出生率，而且我认为，在作为“身体式沟通”的性关系里潜藏着婚姻关系的危机。

对恋爱不感兴趣的年轻人、沟通不畅的情侣或者夫妻，他们的共同问题是沟通太少。

心理学家阿尔弗雷德·阿德勒（1870—1937）曾说过："人的一切烦恼皆源于人际关系。"而且，在我们人生中要面对的各种课题中，以亲密关系为基础所衍生出来的家庭关系是一个绕不开的课题，被称为"爱的课题"。男人和女人相处的时候，很自然会面临一些亲密关系的课题。

面对恋爱中和结婚后遇到的各式各样的课题，也是改变自己的机会。但是，如果因为"不想受伤"这样的想法而回避交往的话，就等于错失了改变的机会。

被大家都喜欢的人，在历史上是不存在的。

被大家都讨厌的人也一样，在历史上也是不存在的。

这是以阿德勒心理学为基础，也是我提倡的"人际关系的大法则"。

喜欢上某人的时候，如果被对方拒绝的话会很受伤，那是因为有"希望被众人喜爱"的愿望。如果放弃这种幻想，就会知道不可能会"得不到任何人的爱"。

虽然有人说男女分歧的原因是大脑的差异，但我并不这么认为，我想通过阿德勒心理学来解开这一难题。

本书从序章《一对夫妇的结婚和离婚经历》到第四章

《亲密关系的裂痕和修复》，共穿插十个案例，第五章总结了“五个秘籍”，是我的呕心沥血之作。

看看夫妻或恋人之间的各种情况，如果是你的话，会怎么办呢？有伴侣的人，如果可以的话，建议和对方试着一起讨论。了解对方的恋爱观、结婚观，也能以更宽容的心胸看待对方的想法和感受。

我觉得正因为男人和女人是不同的生物，才更有意思。恋爱、结婚、性爱有关的烦恼，不仅仅是你一个人的课题，所有的一切都是交流的课题。希望本书能给面临“爱的课题”的人们带来勇气。

岩井俊宪

目 录

序章

第一章

第二章

第三章

第五章

序章

一对夫妇的结婚和离婚经历

爱情，以及其结果婚姻，都是对另一半最亲密的奉献，它表现在心心相印，身体的吸引，以及生儿育女的共同愿望中。我们很容易就可以看出，爱情和婚姻都是合作的一面，这种合作不仅是为了两个人的幸福，而且也是为了人类的利益。

阿尔弗雷德·阿德勒著《自卑与超越》

案例 1

一位刚经历离婚离职的护士手记

因为这点事就离婚，好吗？

我以阿德勒心理学为基础，担任了30多年的心理咨询师。其中，我最擅长夫妻关系的咨询。

接受各种各样的夫妇的咨询，我心痛的是，“相爱结婚，组建家庭的两人，就这样分手，真的好吗？”

在俄国作家列夫·托尔斯泰的小说《安娜·卡列尼娜》的开头，有下面一节。

幸福的家庭都是相似的，

不幸的家庭各有各的不幸。

我把托尔斯泰所写的“家庭”换成“夫妇”，像下面这样简单地理解：

幸福地生活的夫妇，都是用单纯的方式相处。

但故意选择过不幸生活的夫妇，往往把事情看得很复杂，结果招致不幸。

感觉怎么样呢？情侣的形式多种多样，其中也有“故意”选择不幸的人。接下来，我将介绍一位女性的手记，她并不是特定的人物，而是以我在咨询和培训中实际遇到的几个案例为基础，总结出的每个人都有可能陷入的故事。主人公是特意过着不幸生活的女性。在那个背景下，她所背负的东西是什么？然后，真正想怎么做呢？虽然是虚构的人物，但因为结合了多个实例，所以是虚实结合。请您当作身边的例子来理解，按照您的想法试着解读。让我们来看看尚美这篇手记吧。

回到原点的我

我离开了当医生的丈夫，把八岁独生子的监护权交给了丈夫。在三房一厅的公寓里，行李还没有整理，我就开始写这篇手记。回想和丈夫一起生活的十多年，简直就像做梦一样。

“你后悔吗？”我可以回答“有”，同时我发现“这就是我本来的样子”。看来我的心和周围的行李一样，是“待整理”的状态。因为我刚离婚，得决定是否回去继续做原来的护士工作，还是因为生活暂时没有困难，所以先一边整理心情和行李，一边思考下一步该如何走。或许，通过写这篇手记，可以帮助心灵的整理。只是，从哪里开始，写什么好，想计划我也做不到，只是浑浑噩噩地试着回顾至今为止自己的生活。

“男人是肮脏的”“男人是狼”，在母亲这样的教育下长大的我

我出生在关东地区的一个县，父亲从事建筑业，母亲是医院的检查技师。**作为长女出生的我，父亲似乎不怎么疼爱我。**从我四岁的时候弟弟出生开始，父亲对我的态度就不一样了，他溺爱弟弟。母亲站在我这边，家里形成了“男”对“女”的格局。

可能父亲认为“后继有人了”。大概父亲是从这个时候开始出轨的。父亲因为和母亲生了弟弟，就认为母亲作为女人的作用结束了，在外面有了女人。母亲知道这件事

后，对年幼的我恶狠狠地说：“男人是肮脏的”“男人是狼”，简直就像要给我洗脑一样，一天要向我讲好几遍。

小学二年级，我在校园里玩的时候，坏小子英司突然把我撞飞了，我胳膊肘受了伤。

我把这件事告诉了母亲，母亲说：“所以对男人不能大意，因为他们太脏了。”我实在无法接受，又对父亲说了同样的话，父亲说：“那是因为你太粗心了。”他不会帮我。第二天，我把父亲的话告诉了母亲，母亲对我说：“因为父亲是男人，不能相信那样的人。”。

父母离婚，和弟弟分开

父母在我小学五年级的时候离婚了。弟弟判给了父亲，我和母亲一起从熟悉的家搬到了只隔三间房子的公寓。我没有转校，原来的四口之家的家就在附近，却几乎没有来往。在小学看到弟弟的身影，总觉得他好像是在回避我，心里很伤心。初中我开始上公立学校，并改为母姓，弟弟则上私立学校，和我变成只能在街上偶然碰面的陌生关系。

对男性的强烈警戒心

初中二年级时，我知道了父母离婚的原因。那时候，母亲把一个男人介绍给我。看来那个人在母亲和父亲的婚姻中也存在特别的关系，知道这件事的父亲质问母亲，结果导致了两人离婚。我对母亲爱的那个男人抱有戒心，觉得那个男人破坏了我的家庭，怎么也接受不了。母亲好像希望和那个人再婚，但是我坚决不同意。也许父亲很肮脏，但我想，那个人在破坏我家庭这一点上是不是也很肮脏呢。

中学的时候我有迟来的类似初恋的对象，不过，没达到实际交往的程度。真正的恋爱是从上高中开始的。虽然和社团活动的前辈交往了一年，但是无论如何我还是无法敞开心扉，于是他转而和我的朋友开始交往。**“说到底，我是一个没用的人”**在降低自我评价的同时，**我也开始亲身认识到母亲所灌输的“男人很狡猾”“男人不可信”之类的话对我的影响。**高中毕业后，我进入国立附属护士学校。选择护校的理由是学费便宜，而且就业也很稳定。

护士学校很适合我。有一次，我遇到了一个很棒的男人，他对没有任何魅力的我感兴趣，而且对我的成长经历十分理解。和他在一起，我发现我比和同学在一起的时间还开心，最重要的是我能侃侃而谈自己的故事，我自己都吓了一跳。但是，有一天，我们两人喝了一点酒之后，无意中走进小巷里，看到了满街挂满了奇怪的霓虹灯招牌。“莫非这个人在诱惑我?”就在我这么想的时候，母亲说过“男人是肮脏的”“男人是狼”“男人是狡猾的”“男人不可信”的话在我脑海中交错，于是我像逃跑一样离开了那里。虽然男友后来坚持说“没有那种企图”，但是一度涌现的想法无法抹去，和他就这样结束了。

我从护士学校毕业后，被分配到大医院的内科，工作非常忙碌，连恋爱的时间都没有。在别人的劝说下，我也在单身联谊会登记过，但是，因为不能迈出第一步，匹配也不顺利，所以决定退会。

和丈夫的相遇及婚后生活

接近30岁的时候，酒井作为医生来到了我工作的医院，不久后成了我的丈夫。他经历独特，毕业于著名私立大学法学部，之后重新进入国立大学医学部，28岁时通过了医师国家考试，参加猜谜节目也是不输给别人的常胜将军。不过，因为他在医院的经验浅，我变成了给他介绍医院现况的前辈。

因为酒井是我从没见过的类型，所以我的警戒心放松了吧，马上我们两人变成恋爱关系并且同居，不知不觉提到了结婚。家境优渥的他把我介绍给了父母。当然是以结婚为前提。他妈妈很关心我，我对她很有好感。可是他爸爸一见到我，就说：**“什么？护士？”**在职业、家庭上，我感到了很大的差距，这句话我至今都无法忘记。最终，这件事还是因为酒井的劝说和热情才得以解决，我们结婚两年后，33岁的我生了一个男孩。

34岁正值壮年的酒井，立志要自己开诊所。这个时期是我们最幸福的时光。酒井虽然很忙，但还是尽可能地照顾孩子。那时候真的很开心。只是生孩子以后，产生了别的问题，那就是酒井不想有性生活了。我委婉地暗示，他说：**“妈妈养育孩子也很辛苦，而且有了男孩子，不就好了吗？”**虽然有些无法释怀，但是我自己作为被爱的对象并且得到了天赐孩子，这是一件值得庆幸的事情。

丈夫的开业和开始萌发的嫉妒心

丈夫在我37岁（丈夫38岁，长子4岁）的时候，挂着内科·身心科招牌的诊所开业了。独立开业的资金，除了丈夫和他原生家庭的资金以外，还有我的存款、政府的补助金以及某企业家夫妇的资金。我因为是护士，所以向丈夫提出想来诊所帮忙。但是，他告诉我要优先照顾孩子，诊所的事只要一周两天，花几个小时帮忙处理简单事务就好。

因为丈夫的工作态度、人品、医术等因素，诊所受到了欢迎。正因为如此，丈夫在家的时间变少了，在一些企业家的邀请下，他开始经常出入俱乐部。和孩子的相处时间也变少了，更重要的是，丈夫对我的态度，让我觉得好像被当成了**单纯的同居人，或者育儿负责人**一样，导致我每天都很不满。

大概是从那个时候开始的吧……“男人是肮脏的”“男人是狼”“男人是狡猾的”“男人是不可信的”，不知不觉间这些念头又被唤醒了。丈夫身上有我不知道的香水味，服装也变得花哨，简直就像变了个人一样。在那之前，丈夫一直很认真，在脚踏实地做研究，但从某个时间开始，就开始说“在诊所研究”“出诊很忙”，在家的时间也越来越少了。在那时候发生了两件事情。一件是我从丈夫的口袋里发现了某俱乐部女服务员的名片。

另一件是**一位患者偷偷告诉我丈夫和企业家夫人的关系很暧昧**。企业家夫妇在某种意义上是丈夫的生意伙伴，因此我对一些事情都是睁一只眼闭一只眼，但是企业家夫人和丈夫两个人单独见面的事情我是无法接受的。我把这件事告诉丈夫，他回答“是给企业家夫人做心理咨询”，但是他为什么都选择企业家不在的时候去拜访，或者一起出去呢？我心急如焚，有时会把丈夫从企业家夫人那里收到的礼物扔掉。

有一次，我雇了一名私人侦探，委托他跟踪我的丈夫。根据侦探的报告，虽然拿到了丈夫和企业家夫人在一起的照片，但并不能确定两人有私情。我的疑虑没有消除，一遇到那个告密的人，我就和他商量，结果他说：“真是个厉害的丈夫啊。你这个人为什么会和他在一起呢？”简直就像街谈巷议那样。

离婚之路

侦探跟踪的事情被发现了。因为丈夫很擅长质问，侦探无法忍受他的质问，所以才说出我是委托人的事实。丈夫前所未有的愤怒，就好像小狗变成了狼一样。果然露出了作为男人的本性吧。最初，我没有考虑到离婚的，不知不觉，每天**丈夫和企业家夫人之间的事都在脑海中盘旋**，孩子也上小学了，那种**想要被释放的心情**，情不自禁地就想到离婚了。

在丈夫大学时代就认识，现在成了律师的朋友的协调下，协议离婚轻易地达成了。只有一点失策，让丈夫拥有了儿子的监护权。因为丈夫“不想让母亲抚养，想让儿子成为自己诊所的继承人”。我分配到的财产，相当于我丈夫的诊所开业所用资金的三倍，大约3000万日元。对我来说，这一笔钱可以让我维持五年以上的生活，所以我觉得很合理。

现在，事情告一个段落，和丈夫一起生活的10多年仿佛做梦一样。**本来，我就适合住小公寓。**院长夫人的名号和我不相称。**和母亲两人搬到小学五年级时一起住的公寓去生活，我的心像回到故乡一样感到安乐。**

怎么样？读了手记，有什么感想吗？画线的地方是我在意的部分。尚美从小就感到自己不被父亲疼爱，而且母亲把“个人情绪”像咒语一样强加给她。

不久之后父母离婚。在那样的情境下进入青春期恋爱，导致她一步也不能迈出去，不断贬低自己，“我是无用的人”。

即使之后幸福地结婚了……如同各位在手记中所见，“我适合住小公寓”作为总结概括，和父母的连接、母亲的洗脑、男女微妙的差异、性观念的差异、感受的差异等，都和经验一起表现出来。大家有没有想到这些呢？

阿尔弗雷德·阿德勒曾说过：“人的一切烦恼皆源于人际关系。”在人际关系中，最麻烦、最崇高的就是男女之爱。

在这本书中，我在尚美的手记中划线在意的地方以及其他各种各样的家庭的情况，男人和女人的分歧、合作伙伴和真心相处的诀窍，两人的关系更圆满的秘诀等我都会按章介绍，解开“男女”分歧的结。

第一章

为什么男人和女人会有分歧呢

在亲密关系里，只有完全接纳对方，并在两个人之间建立起相互感激的感情时，问题才能得到解决。

鲁道夫·德雷克斯著《阿德勒心理学的基础》

脑科学和心理学对
“男”“女”的看法稍有不同

脑科学上的“男性脑”和“女性脑”

有这样一对夫妇。

妻子和歌子（化名）正在客厅熨衣服。这时，丈夫良介（化名）回家了。

“太太，我回来了。”

“你回来啦。饭做好了。你和小聪一起先吃吗？今天做了汉堡肉。今天正好是限时大甩卖，肉很便宜！还有呢……”和歌子一边熨衣服，一边喋喋不休。

第二天早上，正在做早饭的和歌子从厨房走向客厅，对儿子说："小聪，今天是爸爸去幼儿园接你。爸爸，今天要麻烦你了喔！"良介在客厅中看报纸，没有答复。

和歌子停下手上的工作，走向客厅。

"孩子的爸啊！你在听吗？上周就拜托你了吧？我今天公司开会，会比较晚，拜托你去接孩子。"

良介终于把目光从报纸上移开。"诶？是这样的吗？"

"诶！我明明已经说过了，简直不敢相信。"

"我也很忙，不好好写在日历上的话，我就会忘了。"

这是经常发生在许多家庭的一个场景。如果从脑科学的角度观察这对夫妇的对话，就会发现有趣的事情。我们从现代的脑科学的研究中可以发现，男女的大脑构造稍有不同，因此在想法和行动上就会产生差异。连接右脑和左脑的“胼胝体”部分，女性比男性粗20%。所以，女性左右脑的合作比男性要好，能够同时进行各种各样的事情。相反，男性的大脑，因为右脑和左脑的联结不是很好，所以只能集中在眼前的一个工作上。比如像良介那样，一边读报纸一边听不到别人说话的男性很多。但是，很多女性可以做到像和歌子一样，一边熨衣服，一边做饭，一边和丈夫及孩子对话。对作为男性的我来说，觉得很不可思议，一边熨衣服、一边聊天，还没有把衣服烧焦真是难得啊。

能够同时进行多个工作的女性，很容易一厢情愿地以为男性也同样能做到，但是，正在看报纸的男性在女性与他搭话时却没有回答，或者回答得很含糊。因为男性在阅读报纸的时候，报纸是主角，所以很难再有余力听别人说话。所以在男性看来一边看电视一边说话很荒唐。

心理学是以思考、感情、行动为中心的学问

不要悲观地认为因为男人和女人的大脑构造本来就不

一样，所以根本就没办法解决问题。脑科学说到底是一种天生气质论，“男性脑”“女性脑”等具有性别差异的想法也只是众多理论中的一种而已。近年来也出现了“男性脑”“女性脑”实际上可能不存在的研究结果。

脑科学和心理学看起来是相似的学科，但实际上基本论点不同。

脑科学重视男女与生俱来的“气质”，而心理学是以“思考”“感情”“行动”为中心的学问。特别是阿德勒心理学尤其重视“人际关系”，甚至断言“人的一切烦恼皆源于人际关系”。

我也尊重脑科学，但是在这一章里，我不认为“男人和女人的差异，是因为大脑的不同，因而一些问题无法解决”。以阿德勒心理学和我的意见为基础，解开脑科学中看不到的“男女的差异”。

男女有别是理所当然的，要承认彼此的不同

从下图表“承认男女有别”中，就可以看出男性和女性在各个方面的不同。

例如，大多数男性都有重视结果的倾向。学生的话是“比赛获胜了”“考试成绩很好”，社会人士的话则是“晋升了”“在大的项目上成功了”，这样的结果很重要。至于之前做了什么，做了什么努力，都不重要。

另一方面，女性会怎么想呢？大多数女性倾向于重视过程，而不是结果。比如“积累了练习”“每天都很努力”（所以才会获得冠军、成绩好、晋升成功等）。比起结果，女性把重点放在“那个时候不要放弃，努力到自己接受为止”上。

承认男女有别

男性	女性
听不进话	看不懂地图
不能同时并行处理多件事（不能一心多用）	可同时并行处理多件事（可一心多用）
重视结果	重视过程
客观事实（有逻辑思考能力）	主观意见（视觉能力强）
不受生理方面的影响	受生理方面的影响

另外，男性有用眼睛看各种东西，用耳朵听确认的证据主义（客观事实、证据优先）倾向。开头提到良介“不好好写在日历上的话，我就忘了”的辩解，也是来自这种证据主义。如果只是轻描淡写地说出来，就没有证据，等于没听到一样。

虽然现在是共同育儿的时代，但总的来说，男性都是爱面子的人，不喜欢被使唤。如果是“想丈夫去托儿所接孩子”，用“你是我们家的主人公，所以需要你做一件重要的事”这样的铺垫，对他重要的工作进行委任，而不是命令的口吻，“我知道你很忙，但是，真的拜托了”等话语会比较适合。

怎么样呢？男性和女性，有差异是理所当然的。首先要从了解、承认开始。

案例

2

有计划的男人，散漫的女人

一对在约会中陷入分歧的情侣

今天是拓人和真理（均为化名）时隔三周的约会日。两人决定去镰仓。住在都内的拓人，为了早上从茨城赶来的真理，查阅路线指南和时刻表，以东京站发车的横须贺线为基础，制定了详细的日程。

最初的目的地是在北镰仓的圆觉寺。接下来是去因绣球花而闻名的明月院。经过建长寺到鹤冈八幡宫。然后，在镰仓站附近吃午饭。从那里乘江之岛电铁到长谷寺（因长谷观音而闻名）。最后还包含了看海的计划。

但是当天，在从建长寺前往鹤冈八幡宫的途中，真理发现了因阎罗王闻名的圆应寺。因为真理想进入参观，意外地浪费了时间。离开圆应寺时已是正午时分。真理撒娇说："我累了，我们去吃午饭吧。"午饭也不是拓人计划的餐厅，而是计划以外的地方。

下一个目的地鹤冈八幡宫就在左手前方。但是，拓人想着这样下去下午的日程就会被打乱，不高兴地说："不要再去鹤冈八幡宫了！"就因为这一句话，吃饭的气氛变得很尴尬。

那么，你怎么看待用心制定行程，担心不按照计划进行的拓人呢？

另外，拓人好不容易制定了日程，你怎么看待不尊重拓人计划的真理呢？

话说回来，对于详细安排约会的日程这样的行为，你觉得如何呢？

从两人的分歧可以看出："目标达成"派和"渴望感受"派的区别

拓人和真理的思维差异，是因为"目标达成"派和

“渴望感受”派的区别。

两者的不同，如下所示。

“目标达成”派的人的行动模式

· 狩猎、有目标的行动

· 目标导向型（为了符合计划）

· 重视效率（时间）

· 不追求目标就会觉得无趣

“渴望感受”派的人的行动模式

· 农耕、经营型的行动

· 过程导向型（即使有计划，也要重视中间的过程）

· 比起效率更重视现在发生的事情

· 即使没有目标也有乐趣

这种差异，当然也有个人差异，在男女之间尤为明显。

拓人是“目标达成”派，真理就是“渴望感受”派。

解决方法：虽然方法不同，但要认识到彼此的目的是一样的

这样的两个人要想互相理解，应该如何调整呢？那就

是，认识到彼此的目的（度过快乐的时光），不把计划制定得那么严密。

作为恋人的两人，有差异才能增加乐趣。如果是同一类型的话，两个人会是竞争关系，这样的话反而比较痛苦吧。

个性不同的两个人虽然感受方法有差异，但是一起品味的话，约会会更加愉快。

案例

3

对别的女人“注目”的男朋友

因约会分歧而变得不愉快的两人

在午饭后两人又重归于好。经过鹤冈八幡宫前往镰仓车站的路上，与前往鹤冈八幡宫的一群女生擦肩而过。这群女生中有部分像从杂志中走出来一样，拥有出色的时尚感。同时，也有好几对情侣挽着胳膊在走路。

拓人每次和漂亮的女人擦肩而过时，都会将视线投向那些女人。与某个女性擦肩而过时，还激动地说：“哇，太漂亮了！”也有过短暂目光追随背影的情况。

真理非常受不了拓人那样的态度，说道“你给我适可而止”就抱起了胸，本来很开心的两人，也因为拓人目光投向其他女人而无法继续。

你对拓人在约会时目光总是飘到别的女人身上怎么看呢？

另外，真理应该如何应对这样的拓人呢？

从两人的不同可以看出：“四处播种”型和“生儿育女”型的区别

在约会中，真理对其他女性注目的拓人表示不爽。

男性视线被长相美丽的女性吸引的倾向，不管变成几岁，这种倾向似乎都不会改变。

如果说约会的两个人倾向于看擦肩而过的最佳情侣中的哪一个的话，男性倾向于首先会看异性（女性），接着，再看同性（男性）。

女生则相反，大多是先看向同性（女性），然后再看异性（男性）。

关于这样的男女差异，心理内科医生姬野友美在她的著作《女生为什么会突然暴怒》《男生为什么会突然被女生甩掉》中这样谈道：

大脑不同，荷尔蒙不同，身体不同，角色不同。

男人和女人不同到甚至让人觉得不是同一个物种。要想缩短男女之间的距离，首先要知道承认双方的性别差异是不可缺少的。

直截了当地说，男女的区别在于“大脑功能”的不同。

男性的大脑是“解决 · 竞争脑”的“四处播种”，优先梦想、浪漫，看到“森林”而看不到“树木”的倾向。与此相反，女性的大脑是“同理 · 感受脑”的“生儿育女”，有优先考虑现实，只看到“树木”而看不到“森林”的倾向。从心理学的角度来看，虽然不能这样断言一切，但是以拓人的案例来说，姬野友美指出的倾向特别明显。

解决方法：男人的注目只不过是“鉴赏”

如果你的恋人是像拓人这样表现，请放心！看起来花心的拓人并不会从你身上转移注意力，他只是“欣赏”而已。这个时候只要提醒他“又开始了，坏习惯！”就可以了。

人会根据场合情景而变化

在职场中是“专制君主”，在家庭中却是“超级奶爸”

这是在家庭和职场中角色的切换。比如，在职场中霸道地训斥部下的“专制君主”，在家却是做饭、照顾孩子的“超级奶爸”。相反，在家里连茶都不泡，可是在公司里却可以亲手泡茶或洗茶杯，也有这样男性。也许有些女性会认为自己的丈夫既不洗碗也不做饭，但实际上是妻子先做了所有的事情，或者是制造了家务都是女性做的事情的氛围。同样，女性也有表里不一的人。我们经常看到，学历和生活都一帆风顺的女性，但在工作上连基本的沟通能力都没有的人也不在少数。我认为，进入社会后容易产生矛盾的人，是不是学生时代的人际关系训练不足呢？

综上所述，认识到男女的差异是很重要的。所以我们会发现，在女子学校或男子学校培养的学生，一般情况下，对事物的看法和想法都是偏颇的。

阿德勒早期就说过："为了积累人际关系的训练，从小开始男女同校是最理想的环境。"这是因为通过亲身体验，也就是所谓的学校生活，能够切身体会到"男女的不同"。

如果像女校或男校一样，从小就生活在同性之间的环境中，只能在与自己相似的感觉、与自己相似的想法中捕捉事物。如果不和自己想法不同的人（异性）进行各种交流的场所进行对话的话，不能很好地建立人际关系的可能性会更大。

认识自己的“生活风格”

“应该是××”的现状，“应该是××”的理想

阿德勒心理学的重要概念是“生活风格”。这里所说的生活风格，不是一般所说的“生活风格”的意思，而是指“对自己的信念”“对自己周围世界的信念”。

阿德勒心理学研究也在逐年进步，现代阿德勒心理学将生活风格定位为“一个人对自己的看法，对世界的信念，以及理想的状态”，总结如下。

1. 自我概念……“我是××”，对自己现状的信念。

2. 世界观……“世界（人生、人们、男性、女性、伙

伴等）是××”，对世界现状的信念。

3. 理想自我……“我应该是××”“对我而言希望世界（人生、人们、男性、女性、伙伴等环境）是××”，关于自我、世界的理想的信念。

让我们回顾一下序章中那位女性的手记吧。尚美小姐有一个“世界观”，说作为长女出生的她，父亲不怎么疼爱她。然后母亲对年幼的她抱怨说“男人很肮脏”“男人是狼”，就像洗脑一样每天都要给她讲很多遍这样的“世界观”，以致她和父亲的关系变得淡薄。

最终，她以“说到底，我是个没用的人”来降低自己的“自我概念”，同时也用自己的亲身经历来认识到了母亲所洗脑的“男人很狡猾”“男人不可信”的男性形象。这正是以消极的世界观和降低自我概念，形成了“必须对男性保持警惕”的“理想自我”。

生活风格分类

<table>
<tr><th></th><th>自己</th><th>世界</th></tr>
<tr><td>现状</td><td>自我概念
“我是××”，“我是一个什么样的人”。
</td><td>世界观
“世界是××”，“世界是什么样子”。

</td></tr>
<tr><td>理想</td><td colspan="2">理想自我
“我应该是××。”
“对我而言我希望世界是××”，
对理想的自己和理想世界的信念。

</td></tr>
</table>

父母过度、强硬的压力给孩子带来的坏影响

在这里补充说明一下“与父母的关系”。

尚美的母亲是所谓的“沉重的父母”。“男人太狡猾了”“男人不值得信任”等灌输女儿的行为是“父母的施压”。近年来出现的“毒父母”已经成为社会问题，像这样过度施加压力的父母，会给孩子带来非常恶劣的影响。

倾向1

就像尚美一样，即使长大成人也无法摆脱父母的束缚，人生也会被支配。

倾向2

因此，支配性、依赖性、攻击性在面临人生中重要的抉择时，浮现在脑海，对未来的不安、继续惩罚自己的罪恶感、不健全的心态等，都会因为被束缚而更加明显，进而交友的课题和爱的课题都受到影响。

阿德勒心理学告诉我们，来自父母的影响可以通过“自己的决心”和“自觉的努力”来克服。

但是，尚美在那个阶段做不到。那是为什么呢？

因为懂事后的人生（对她来说就是开始工作后的人生），没有得到“自己是人生主角”的认可。

成人后，开始对自己面临的问题，稍微用一些建设性的对策去往解决问题的方向而努力的话，就能够从父母的束缚中释放自己，从而找回自己人生的主导权。

“我是××”的固定印象是可以被改变的

人多数是不会轻易改变的。多年的想法不会消失……有这种想法的人也有，而现代阿德勒心理学断言，人“可以改变”。

改变自己的关键是“人生课题”，是在人生的各种各样的场合都要面对的“课题”。我们在生存的过程中，会遇到各种各样的课题。有问题的时候，如何应对那个课题？发生了问题自身可能会感到负面，但如何积极地捕捉课题，如何应对的过程却是成长的养分。

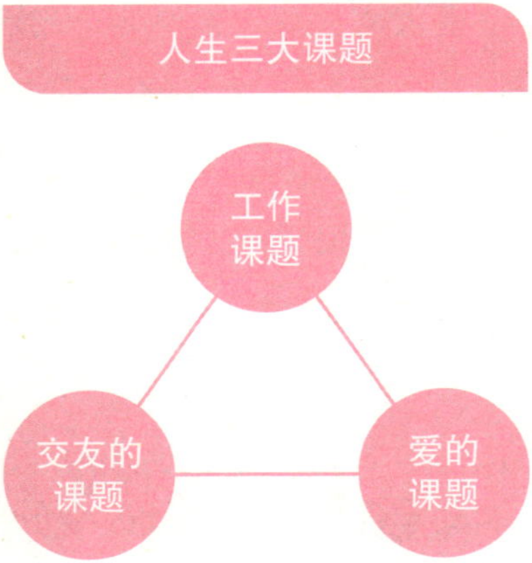

阿德勒心理学将人生课题分为以下三种：

1. 工作课题：从事有角色、有义务、有责任的生产活动。

2. 交友的课题：与朋友、爱好伙伴、邻居等身边的人相处。

3. 爱的课题：以情侣为基础，包括亲子在内的家庭关系。

在面临各式各样生活课题的时候，会被问到如何活用自己的生活风格来应对，遗憾的是，尚美不能很好地克服“爱的课题”，也没能改变生活风格。

改变的关键是“未来”，而不是“过去”

为什么尚美不能接纳自己，不能有效利用“爱的课题”呢？通过很多人的咨询经验可以说，自我肯定感低的人，把问题的根源归咎于“过去”的倾向，不擅长从心底信赖他人。而且，容易认为那个过去会给自己的“现在”带来不好的影响。这种消极的想法倾向在心理学上被称为“原因论”或“过去导向”。

原因论是“自己和周围的人（父母或伙伴等）中哪个不好？哪里有问题？”这样的想法容易导致关系恶化。如果有以原因论归纳事物的倾向，那么某一件事情不顺利的话，就会对那个状况悲观，就好像自己是受害者或牺牲者一样。自己置身于坏影响之下，陷入负面螺旋。

尚美的情况就是被“男人是肮脏的”“男人是狼”“男人是狡猾的”“男人是不可信的”这样的“世界观”和过去所束缚，从根本上“没有面对丈夫”。丈夫出轨了，认为比起在脑子里想着丈夫和企业家妻子的事，自己会更希望得到解放，便开始闹离婚了。

手记的最后，“本来，我就适合住小公寓”“和母亲两人搬到小学五年级时一起住的公寓去生活，我的心像回到故乡一样感到安乐”这一段话，可以看出尚美流露带着消极的“自我概念”。

有一段时期，心理学上这个原因论（过去导向）成为主流，但是阿德勒心理学提倡原因论对立面的“目的论”。目的论是指“人的行动中，有伴随那个人特有的意思的目的”的理论，也称为“未来导向”。该理论认为，无论怎么找“原因”也无法解决问题。因为被过去的原因束缚住了，尚美没有进行“和丈夫对话”“试着理解丈夫”等适当的交流。

如果稍微用“目的论”思考的话，结果会怎么样呢？

如果有未来志向和个人的主体性呢？

如果有作为当事人应该有的自我概念和自我理想呢？事情又将会如何发展。

人类不同的感官类型

知道伴侣的感觉类型，就能看到应对方法

说明了男性和女性的性别差异，根据场合和状况的不同，角色也会发生变化，如果能面对生活风格和生活课题就能改变自己。

还有一点，我作为心理咨询师、培训讲师感兴趣的是人的“感觉类型”。如果仔细观察人的话，就能大致掌握那个人优先使用哪种感觉类型。如果了解对方的感觉类型，就能深切感受到交流的顺畅进行。

感觉类型有以下三种。

1. 视觉优先型

2. 听觉优先型

3. 触觉·运动优先型

如果认识到对方的类型，就能很容易地理解与伴侣应该如何相处。

对了，关于“感觉类型”，今天NLP（Neuro-Linguistic Programming神经语言程序学）的交流理论被频繁地提到，它的根源是阿德勒。阿德勒在《阿德勒心理学讲义》一书中曾这样写道：

在学校里，对孩子们的教育，师长很多时候都忘记了关于感觉类型的原则。

有些孩子喜欢观察，而总想看些什么，所以无法仔细倾听别人说话。

如果是这样的孩子，要想教育他们倾听，就要有耐心。

很多学校的孩子因为只能享受一种感觉，所以只能用一种方法进行教育。

有的只擅长听，有的只擅长看，有的喜欢一直动着或活动。

对这三种类型的孩子，不能期待同样的结果。

为什么感觉类型有优势和劣势呢

我们小时候，为了记忆周围的状况，会依赖视觉（眼睛能看到的东西）、听觉（耳朵能听到的东西）、触觉或运动（用手触摸或身体的感觉）。那个时候，不是均衡地运用全部感觉，而是积极地运用某种感官，或是不依赖某一种感觉。例如，有的人，不管去哪里，都会牢牢记住看到的东西。特别是从小就喜欢画画的人，有可能是根据视觉信息去记忆的类型。另外，有些人会把别人说的话原原本本地记在心里，也更加关心时间和距离，重视连续性，努力到达目的地。另外，擅长运动的人，有时会通过触觉捕捉周围的状况。我们在生存上，还有经验上，由于不需要依赖所有的感觉，所以自然而然地做出了只依赖某一种感觉或忽视某一种感觉的判断。这样的话，渐渐地，优势的感觉和劣势的感觉就会固定下来。

你和你的伴侣是哪种感觉类型

了解感觉类型的方法有以下六种。

1. 数字记忆。提示五位数字，从末尾的数字开始倒数念出来。另外，是让对方说出两位数乘法答案的方法。这个时候，特别观察对方眼球的运动。

2. 从特定的A地点到B地点地理观念。花五分钟以上的时间走过有弯道的区域，让对方用两分钟左右就告诉你是怎么走过来的。这个时候，特别观察对方用什么样的方式表现出来。

3. 梦。如果问今天早上做了什么样的梦，就会感受到浓厚的个人风格。

4. 兴奋体验。你有过忘我的兴奋体验吗？如果有请对方分享体验，就能清楚知道他的优势感觉。

5. 旅行回忆。请告诉我至今为止去过的旅行的体验。什么样的情景会给人留下深刻的印象呢？周围能听到的声音和广播，食物的味道等，那个人的优势/劣势感觉类型会很明显。

6. 童年故事的方法。在十岁左右的某一天，如果请您讲述在某个场合发生的事情的话，从那个小故事中所包含的表现可以推测出那个人的感觉类型。

不管怎么说，比起正式的谈话，自然的谈话更能凸显一个人的人情味，感觉类型也会更明显地表现出来。

但是，即使分了类型，每个人或多或少都有三种感觉能力，说到底优势、劣势都是相对的。例如，如果满分是100分，那么一个人的视觉、听觉、触觉和运动的平衡程度分别为80分、60分、70分，而且任何一项感觉能力都不会无限接近于0分。

视觉优先型

作为我的实际感受，我认为“视觉优先型”的女性是相当多的。

丈夫剪头发的话，马上就能发现“啊，你剪了头发啊”。女性之间也常出现“换了妆呢”“你用哪个牌子的口红?”这样的对话，但是男性对于这些变化反而比较无感。

眼球的移动和身体的手势

视觉优先型的特征是很容易向上看。比如，在说明地图的时候，会一边向上看，一边在脑海浮现出影像，然后把它转变成语言。

身体的手势虽然不是很多，但是随着眼球向上，手掌会随之向上。

表现方式和说话方式

视觉优先型最大的特征是，在语言中，关于形状和颜色的词汇相当多。

请人讲述从最近的车站到自己家的时候，这些人具有典型的视觉优先型的特征。

“从车站的北口出来，就能看到正面的大山，是××山。现在正好满是绿色的。到了11月，枫叶很美，把整座山染得通红。一进入12月，就会蒙上一层雪，变得雪白雪白的。”

这样拘泥于色彩，话题难以继续。

另外，这种类型的人，一般来说，说话速度比较快。也许是想早点把脑海里的东西说出来吧。

交流的特性，逻辑展开

视觉优先型的人因为印象超前，逻辑总是跟不上。一个接一个的印象浮现在自己的脑海中，为了把它转变成语言，有时候会出现跳跃式的逻辑，甚至是没有逻辑。钻牛角尖、死心眼也是特征之一。

逻辑展开，就像“画面”的移动一样，一个接一个地在脑海里出现照片和图像，然后自己捕捉并表现出来的模式，虽然有灵光乍现的时候，但缺乏连贯性。

和视觉优先类的人交流时切忌拐弯抹角

最好是使用视觉工具，让对方的脑海容易浮现画面。

听觉优先型

根据我的实际感受，我认为相当多男性是属于此类的。别名也可以说是“逻辑派”：凡事都要讲求逻辑。比如在研修中事先配上资料进行说明的时候，如果资料凌乱的话，就会开始抱怨。

眼球的移动和身体的手势

眼球不怎么动。看正面或者稍微朝下，和其他两种感觉类型相比，眼球移动最少。

手势也同样相当少，即使是和说话相关的，为了加深对方的理解，也会伴随着最小限度的动作。

表现方式和说话方式

声音不怎么抑扬顿挫，语速不那么快，说话内容还能直接转变成文章。

虽然说话条理分明，但给人一种很执拗的印象甚至有点固执的感觉。对于某些部分有必要好好说明的一厢情愿想法。

描述从车站到家的地理位置的时候，对时间和距离讲求精确，也会不知不觉地强调自己感兴趣的部分，比如，“某某车站西口下车。有3条放射状道路。正好60度分别被分开。走最左边的道路直行160米，男性的脚程走2分钟。左边就有××中药店。那个药店，历史相当的久远。虽然自称中药店，但是正式的说法应该是‘和汉药店’的老字号。过了药店后左拐……”有条不紊地、循序渐进地表达清楚。

交流的特性，逻辑展开

这种类型的人最讨厌的是没有逻辑上的整合性，不按常理出牌。

即使听了笑话，比起感性面，为了追求逻辑面，会在大家笑的时候抱着胳膊进行思考。

逻辑展开，像“线”的移动一样，最重要的是一贯性、连续性。

对工作认真，自己会提前制订计划，依照顺序推进工作计划，所以，纵使接到突发性的工作，也要将做到一半的工作完成后，再做突发性的工作，因此，可能给周围的人留下工作效率不好的印象。

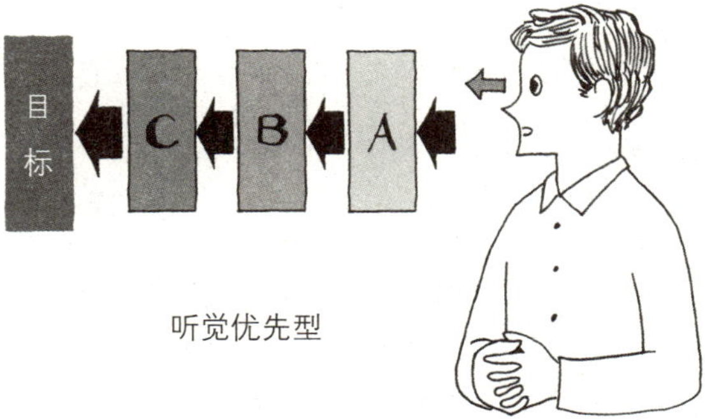

听觉优先型

要想和这种类型的人交流

就不要随便说说，也不要笑着敷衍。明确目的和意义，提出优点和缺点，极力排除感性部分，有逻辑地进行谈话。

触觉·运动优先型

也可以说是“运动型、情绪型”，这种类型的人，多以身体的感觉和气氛处理事物，不擅长影像处理和逻辑处理。

工作的推进方式是即使决定了一天的行程安排，可一旦有电话打进来，就会突然放下还没做完的工作，离开座位，和谁去谈事情，顺便和别人聊聊家常，回到座位上又开始新的事情，没有一贯性是其特征。即使是做着特定的工作，突然想到其他事情的话，就会无法等待，感觉如果不去做其他的事情，就会放不下心。

即使是读书，有时还没读完一本书，又开始读新的书，即使身边有很多没读完的书，也不会在意。来自周围对他们的印象是好动、不稳定。

交流的特性，逻辑展开

逻辑展开是“点”的移动，没有脉络相连，有到处“飘”的特征。

我曾去听一位女性讲师演讲，她说：“今天要讲的要点有三个。”然后在黑板上写上1、2、3，从1开始讲。但是，当谈到某人的话题时，她说：“嗯，对了，我和那个人的相遇是在某个派对上……”“对对对，在那个派对上也见过××先生，之后因为××先生的关系……”结果三个要点中只讲了一个就结束了。

眼球的移动和身体的手势

眼球的移动，很紧张，不稳定。

触觉・运动优先型

身体的手势，有相当夸张的动作，做与说话无关的动作。一边听着话，一边也不断地动着身体。

表现方式和说话方式

声音抑扬顿挫，有时会在句子中间停顿。谈话的内容也不受时间限制，有时会像刚才那位女讲师那样插入一句“嗯，是这样的”。触觉·运动优先型的人喜欢用啷啷（头晕目眩）、咻咻（迅速地）、砰（极度欣喜环境）等拟声词也是特征之一。

想要和这种类型的人交流

比起讲道理更重要的是先让他做，让他去感觉。

因为是感官派，所以是“行动先于道理”。在此基础上再讲道理吧。

在日常生活中活用感觉类型的智慧

首先要了解自己的感觉类型，在此基础上注意以下三点。

1. 不沉溺于优先感觉。和对方的人交流的时候，如果对方不能理解的话，就会越来越倾向于用自己优势的优先感觉来说服对方。很多时候，那是因为和那个人的感觉类型不同而产生的情况。这种时候，有必要使用自己非优先感觉类型。

2. 弥补劣势。即存在劣势的感觉类型，那个能力也不是零。也可以通过训练来强化。顺便一提，我的视觉是劣势，不过，在培训的时候也可以使用PPT，想办法在视觉上号召学员。

3. 与对方优先感觉相串联。把学到的东西应用到实际中，就能了解对方的感觉类型。那样的话，就会配合对方的优先感觉型态，让沟通更顺畅。

最好能和伴侣互补

我请一对夫妇诉说两个人新婚旅行的故事。丈夫说："我去了东南亚，印象最深的东西是食物很辣，味道也很重。后来差点没赶上飞机，所以就拼命地跑。"可见丈夫是触觉·运动优先型的。

太太说："我印象最深的是夜景。太阳落山后，天空和大海仿佛融为一体……还有椰子树的美丽，和云彩的对比鲜明……”可见妻子是视觉优先型的。

感觉类型相同的人看起来会比较投缘，但实际上不同类型的人相辅相成，沟通会更丰富。如果是同样的类型，就会错过重要的关键点。

比起“男人味”“女人味”，更应该寻找“自己的风格”

以前说到男性的魅力，有一种男人是健壮、强壮的，像牛仔一样“有男子气概”的。在女性中，也有像碧姬·芭铎一样“女人味”的象征作为标识性的通用时代。

我觉得现在已经不是那样的时代了。说到演员的话，像贵妇松子和龙切尔这样让人感觉不到性别的角色也很受欢迎。不过还是会听到“男人应该有男子气概”“女人应该像女人的样子”的声音，看到小女孩穿着粉红色的衣服玩洋娃娃游戏、男孩穿着蓝色衣服玩玩具车这样的事情，也让人不禁想到这个观念。也许有人会有这样的烦恼，“男人味”和“女人味”到底是什么呢？但是我想超越这样的观点去探寻“自己的个性”吧。

第一章，我们讲了男女的差异和感觉类型的差异。再加上了解其中的差异，对于拉近彼此距离的重要性，此外，了解自己的生活风格，说明活用生活课题的重要性。

在接下来的第二章中，我从“婚活”世代的意见中得到启发，将以几对夫妇的案例研究为基础分析现代的恋爱、结婚观。

第二章

只有受到伤害，男女才能成长

有且只有在一夫一妻制度下，我们才能拥有美好的爱情和幸福家庭生活。

阿尔弗雷德·阿德勒《阿德勒心理学讲义》

“爱”和“结婚”到底是什么

所谓的“婚活”世代的结婚观是什么

2008年，“婚活”[1]一词被提名为流行语大奖。

虽然已经过去了10多年，但是婚活市场还是很热闹。

我从正在为寻找美丽邂逅而奋斗的30多岁的百合子（化名）那里听到了这样的故事。

“登录婚姻介绍所或婚活App的话，为了从众多的男性中筛选出适合自己的人，会用“年收入”“职业”“学历”

---

[1] “婚活”一词最早出现在日本著名社会学家山田昌弘撰写的《“婚活”时代》一书中，指一切以结婚为目的的活动，比如相亲、约会、派对等。——编者注

等来限定条件。

说实话，因为想生孩子，所以有结婚的年龄限制，又不是在短时间内就能和所有的男性见面聊天，为了缩减见面男性数量，就设了最低条件。

还有，因为她也有点在意容貌，所以脸部照片是必须的。

首先，重视对方的年收入，是因为考虑到育儿。以用来养育孩子的钱是否足够，教育费用是否能拿得出来的标准去衡量对方。如果计划生两个孩子，让孩子上私立学校，让孩子学自己想学的东西……那么不与年收入1000万日元左右的人结婚的话是不可能实现的。

她的话都贴近真实生活。但是，老实说，我感觉她好像只考虑了对方给她的东西而已。在婚姻介绍所等地方，也有给正在寻找另一半的女性这样的建议“不要只想到从对方那里得到什么，而是要寻找自己能做什么”。

百合子继续说：“即使如今已经是女性进入职场是理所当然的时代，但女性也仍是被动的，怎么样从男性那里得到幸福？他是否能给我幸福？以此作为标准去寻找适合的男性。我想有那样的想法恐怕不是只有我，而是多数女性的想法和感受。嗯，有时我也会想，要是摆脱了那种想法比较幸福吧？真没想到我也是如此”。

决定结婚对象需要准备时间

所谓的结婚和夫妻，到底是什么呢？

我认为，夫妻是共同成长的，而不是单从社会地位、外表条件来判断的。不是突然以“恋爱”开始两人的关系，而是在工作中认识，首先成为了朋友……我认为有这样开始的过程是必要的。

在决定结婚对象的时候，有几个候补，作为朋友一段时间观察对方，从中决定结婚对象比较好吧。但是，男女关系突然以“恋人”的身份开始的话，从一开始就决定是这一个人，会有不自然的感觉。不知道对方是什么样的人，只是形式上的恋人，突然之间就会直奔结婚。这样一来，“目的”和“手段”就混淆了。

如果想“结婚”的话，与其关注经济条件好的人或社会地位之类的标识，不如在朋友往来期间，在自己心中有某种选择标准，然后确认一下再决定不是很好吗？仔细去观察对方的人品、性格、对食物的喜好和嗜好等各个部分不是很好吗？

我为了决定要住的房子，去看了70～80栋房子。从那之中，选择了打算住一辈子的家。

结婚也一样。在选择一生交往的人这一点上，不仅要考虑外貌、经济能力、职业和个人魅力，还需要更多的选择。到结婚之前，有主动分手的，也有被甩的，虽然会有各种各样的事情，但还是从朋友中决定比较好。

总之，我认为，只考虑“结婚”而开始交往的形式还是放弃为好。

心理学家弗洛姆定义“爱”的基本要素

你认为什么是相爱呢？

德裔心理学家、生活在阿德勒的下一个时代的艾·弗洛姆（1900—1980年）在他的《爱的艺术》中有这样一段话：

除了给予外，爱所包含的其他本质要素也充分展示了它活泼能动的性格，这些为一切类型的爱所共同具有的要素是：关切、责任、尊重、知识。

但是，很多情侣一旦结婚，就会马上考虑“对方是否能让自己幸福”，向对方要求开始增加，给予、尊重对方的事情却渐渐淡化。

结婚之后，便认为丈夫或妻子是自己的所有物，结婚后一辈子都是“妻子”或者“丈夫”的角色这样的说法，我觉得很奇怪。

要说伴随结婚的责任是什么的话，我想应该是是否具备足够的资质作为伴侣。

我认为，如果不具备这种资质，或者不努力去培养，就抱怨“不幸福”是不对的，太过理想化了。

阿德勒是如何定义“结婚”的

阿德勒的著作中以“合作”作为关键词，有以下定义：

我们能够察觉到，无论是爱情还是婚姻，最需要的是合作。

这里所指的合作不单单是为了夫妻双方的利益，也是为了社会的利益。

阿德勒的意思是，在婚姻中伴侣之间的合作不仅对自己的幸福产生影响，也会对他人产生影响，而且会扩散到整个人类的幸福。

前面所说的“怎么样从男性那里得到幸福？他是否能给我幸福？”的信念与百合子的婚活标准有很大差异。

另外，阿德勒的高徒鲁道夫·德雷克斯留下了这样一句话。

Love is not an emotion. Love is a relationship.（意译：爱，与其说是一种感情，不如说是良好的人际关系的副产品。）

意思是并不是一开始就有“爱情”，然后才建立关系，而是在和谐的人际关系中，不知不觉间产生了爱情。

现在，对正在寻求新缘分的人来说，“爱”这种看不见的东西应该就在某个地方，所以正在寻找。如果没有特定的对象的话，可能会不知从何着手。

但是，真正的爱情，是在建立了良好的人际关系之后才产生的。

如何解决沟通不足

交往过程中的交流建议

我曾采访过婚活世代的男女，他们对于与异性的交往、约会和交换邮件聊天等沟通，视为“麻烦的东西”“对在忙于工作和爱好的自己来说是多余的东西”。

另外，现代男女“害怕被甩、害怕受伤”的恐惧心理也被隐藏起来。如果是在婚活被拒绝了的话，其实只要询问单身联谊机构就会知道自己为什么会被拒绝，但是听说去咨询的人很少。

我认为寻找伴侣不只是和异性相处的课题，就像“销售从被拒绝开始”一样，被异性拒绝是很好的训练。

美国心理学家、行为分析学家伯尔赫斯·弗雷德里克·斯金纳将交流称为“语言行为”，并将其分为“mand”和“tact”两类。这两个词都是斯金纳造的词。

“mand”是“demand”的简称，属于要求语言。是伴随着命令、要求、委托的交流。

比如，“下班后请帮我买蛋糕”“明天请帮我去幼儿园接孩子”“下周日之前能否帮我准备好行李?”等等。

另一个“tact”是contact的缩写，属于报告语言。对外界的事物或事件，进行记述和报告的交流。简单地说，就是指“mand”以外的沟通交流范围。

比如，“今天，我去××车站，突然遇到了你的朋友A先生”“附近好像新开了一家面包店，看起来很好吃”等等。

以上两种都称之为接触式沟通。

成熟的tact沟通能带来丰富的人际关系，但是近年来不擅长“tact”沟通的人真的很多，特别是在男性身上，这种现象更加严重。在家庭里，虽然会交谈，但可能只会说伴随着命令、要求、委托等“mand”的沟通方式。读到这里，你有想到的人吗?

用暂时的友情来避免被孤立吗?

现代的人们，无论在哪里都能轻易通过网络和任何人连接在一起。即使是一个人生活，孤独和寂寞的事情感觉也减少了。只是，虽然有“暂时”的联系，但真正的友情能通过这样培养吗？听说与未婚率上升的同时，就业后继续住在父母家的人越来越多。人如果持续住在舒适的原生家庭这个可以让人安心的空间里，被父母过分保护的状态持续下去的话，可能就不会有结婚的动力了，反而更想逃避人群而变得孤立。现在是每三对夫妻中就有一对离婚的时代，在我看来，离婚的夫妻中，大多数在结婚期间都带着原生家庭的习惯。原本新娘穿白无垢的衣服就有“被染上对方的颜色”的意思，另外还有“踏上黄泉之路”（即寿衣）的意思。象征着必须告别往日的自己，进入新家。虽然那样，很多人还是懒于改变，没有适应新家（没有努力）的感觉。

结婚是“决心”“觉悟”与“相互成长”

结婚不是原生家庭的延伸，而是新生的开始。因此，结婚后总把“我家怎样怎样……”挂在嘴边的人，我觉得是不成熟的。

在父母中，也有做得很好的人，据说一位女性把孩子托付给娘家的时候，她的亲生母亲这样说。

“我可以照看孩子（孙子），但你得给我钱。”

“什么啊，妈妈，你怎么这么冷淡……”

“你拜托其他人来帮助你，你也会付费的吧？我并不是想要钱，而是我希望你是抱着这种感激之心离开娘家的。”

我同意这位母亲。虽然是祖父祖母，但是照顾孙子不是理所当然。

还有一位女性，和丈夫吵架，想向娘家求助，亲生父母说：“你已经嫁出去了。我不希望你在这种时候来。如果你要求助的话，就去拜托别人吧。”当时当事人觉得“多么残酷！”冷静下来之后回头一看，反而觉得学习独立会更好。

不是一吵架就能随便回原生家庭的。虽然和原生家庭的合作也是必要的，但是那种过度依赖是不需要的。如果过度亲昵的话，总之，会违反离开原生家庭的社会规则。

阿德勒心理学认为，由于结婚而形成另一个家庭的情侣，具有担负起形成新家庭特有的价值观和氛围的责任，如果无法从情侣各自原生家庭中脱离蜕变出来是不成熟的表现。

像姐妹一样的“亲密亲子关系”的不协调感

最近，好像有像姐妹一样的“亲密亲子”，我觉得是非常不自然的关系。窝在被称为“共依存”的领域，女儿永远也不能自立。所谓结婚，只有自立的两个人在一起，才能成为很好的伴侣，一直依赖原生家庭的人，结果会容易离婚。所谓“共依存”，是指彼此通过被对方需要来寻找自己存在的意义，从中获得满足感和安心感的关系。没有独立的自我意志和价值观，所有的都是别人给予的，所以两人都时常感到不安。

想让人理解的人，不理解人的人，太理解人的人

日本人的“察言观色”文化与欧美的“主张自我”文化

不擅长交流的日本人在增加，另一方面，奇怪的交流方式却在蔓延着。

日本人特有的所谓“察言观色”文化过剩。

2017年的春天，“揣度”这个一直以来不太熟悉的词汇在电视和报纸上频繁出现，查了一下，意思是“揣度他人的心情”。

当媒体开始使用“揣度”这个词时，作为具有绝对支

配力、影响力的气氛，“揣测他人内心想法”就像理所当然的常识一样传播开来。

这是来自一位与美国人跨国结婚的女性的烦恼。丈夫经常邀请一个叫约翰（化名）的朋友来家里。作为妻子，对于接连的招待感觉很为难，所以告诉丈夫“我讨厌约翰”。丈夫说：“原来如此。”但是几天后，他又把约翰带来了。

如果丈夫是日本人，从妻子的表情和语气中可以理解为“不要带约翰来哦”。

但是，丈夫是“主张文化”的美国人。即使被说“我讨厌约翰”，也听不懂字里行间的弦外之音，只理解为“原来如此，你讨厌约翰”。他们不知道背后代表着什么意思。

此外中国人和韩国人也有这种“主张自我”文化的倾向。

日本人应该用更多的语言来表达

在这种国际性的交流差距存在的前提下，日本人必须多用语言来传达心意和想法。因为当今社会已经迈入不那么做就不能互相理解的时代。现在有欧美“自我主张”文化的倾向，在日本，遇到想说什么就说什么的人再三追问的话，就会想说“不用啰嗦到那种程度吧”。而对于像日本人类型一样期待自己不说对方能够理解的人，会焦躁地觉得“不说出来怎么会知道?”等情形发生。

日本人也“无法理解的人”在增加

不仅仅是国际文化上的差距，最近社会上缺乏对于伴侣关系而言很重要的“同理心”的人好像在增加。

所谓同理心，就是关心对方所关心、想法、感情和所处的状况。缺乏同理心能力的人，只关心自己，对他人淡薄，缺乏观察对方希望自己在那个场合做出什么举动的感性能力。

2016年播出后引发热议的电视剧《逃避虽可耻但有用》的男主角就是缺乏同理心能力的男性。

面对这样的男性，即使有“既然我表现出有兴趣的样子，释出好意，你是不是也该说些什么了?”的期待，但他还是不动如山，因为你“什么都没说出口”。

阿德勒认为，同理是“用他人的眼睛看，用他人的耳朵听，用他人的心灵去感受”，是和共同体感觉分不开的。

换句话说，没有同理心的人可以说是“缺乏共同体感觉的人”。

所谓共同体感觉，是对共同体（例如家庭、同伴、社群的聚会等）的归属感、同理心、信赖感、贡献感的总称感觉或感情的统称，在阿德勒心理学中，被认为是精神健康的晴雨表。

围绕“理解”的各种想法

案例

4

疲惫的妻子，与只关心晚饭的丈夫

“想一个人独处”的妻子是怎么想的

这是因失去姐姐而魂不守舍的美由纪（化名）的案例。姐姐告别仪式结束那天，和丈夫广志（化名）以及从乡下过来的广志的哥哥一起回家已经是18点左右。筋疲力尽的美由纪对广志说：“我好累啊，头好痛。”在她看来，自己失去姐姐的悲伤，加上忙于应付亲人和吊唁者，所以内心十分想要从这种忙碌中解脱出来。美由纪心想着：现在，想一个人独处……刚忙碌完，还要为广志的哥哥订旅馆，自己开始觉得有些后悔。接着美由纪说“不知道怎么了，总觉得想一个人待着”的时候，广志这样回答：“那我们的晚饭怎么办?”美由纪瞪大了眼睛。“你是这么不懂我心思的人吗?”那么,广志为什么会只担心晚饭呢?说出“你是这么不理解我心思的人吗?”的美由纪,对广志的看法是什么呢?

从两人的分歧可以看出:目标型人格和感受型人格

根据之前案例2的介绍,广志这样的“目标型人格”,是想有计划地顺利进行项目的人,所以会有“到了晚上当然是吃晚饭了”的想法。而“感受型人格”的美由纪则是聚焦于心里的感受,期望伴侣能感同身受她的心情。

解决方法:面对无法放低姿态的另一半,更应该把心底话说出来

美由纪认为重视效率、目标指向型的广志“不理解我的心思”,也会很烦地觉得“不要催我”。如果广志在美由纪说头痛的时候说了“今天一天很辛苦,累了吧”之后又

说“今晚的晚饭吃外卖吗？我能做点什么吗？”这样就好了。美由纪也说：“我累了。头很痛。你的哥哥过来，晚饭你可以帮忙吗？我现在已经超负荷了，可以去餐厅吃或者订外卖吗？”只要传达一句话，就会对彼此都有好处。

这里的教训是，作为丈夫，不要以工作的态度来经营家庭。特别是在妻子沮丧的时候，“用妻子的眼睛看，用妻子的耳朵听，用妻子的心去感受”。而妻子也要改变希望对方能从自己状态中察觉出自己心思的心态，应该明确地说出来。

案例

5

演变成了一桩凶杀案，妻子的心态是如何崩溃的

爱提意见的丈夫和只想倾诉的妻子

过度期待对方“希望你能理解”，其实会衍生出很多问题。介绍一个例子：

还记得1999年11月东京护国寺幼儿园发生的音羽（地名）幼女杀人事件吗？该事件是由于同上幼儿园小孩的母亲之间发生争执，H（当时2岁）在护国寺幼儿园的洗手间被哥哥的同级生的母亲Y杀害。一时间“音羽入学考试杀人事件”闹得沸沸扬扬。

实际情况相当复杂，通过几次的公开审理，事件发生

的背景已经逐渐浮出水面。

Y把自己和W女士（H小朋友的母亲）的关系恶化的事和身为僧侣的丈夫说了。然后丈夫给了这样的建议："你不要抱怨，幼儿园接完小孩后，骑上自行车马上回家就好了。"尽管如此，Y还是心有不甘。某天晚上，Y让两个孩子入睡后，这样问丈夫："如果我杀了人，你会怎么想？"

在这里，请你站在丈夫的立场来考虑。从一起生活的妻子口中听到了"杀人"一词。如果你是男性的话，你会怎么回答？如果你是女性，又希望丈夫怎么说？

结果，Y杀死了H小朋友。丈夫好像没能在和妻子的对话中适时地解决问题。那么，他究竟是怎么说的呢？

从两个人的分歧可以看出：世上也有希望自己不说对方就会明白的人

"你在说什么蠢话？这样做不是我们一家就毁了吗？"

这是丈夫的回答。从某种意义上讲，确实很有道理。但是，你不觉得缺少了什么重要的东西吗？

妻子说“杀人”的时候，那句话里包含着深沉的想法（意图、感情等）。顺便一提，这位丈夫是寺庙的副住持，听说也积极地进行电话咨询，但是一点也没有理解妻子的想法。从丈夫那里得不到理解的Y，就这么杀害了H小朋友。

丈夫在之后的公开审理的证词中留下了下面的话：

“我虽然听到了妻子的话，但没有听到她的心声。”

认真倾听对方的话，和回答考试问题不同，不能只对表面的语言做出反应，而是在某种情况下，要推测对方的意图、感情、信息等语言背后的要素，并加以应对。

解决方法：先和对方产生共鸣，再听对方的心声

如果你的伴侣是过度期待能被观察理解的类型，或许会很重视对方的反应，但你必须不厌其烦地去应对。当对方询问：“如果我杀了人，你会怎么想?”该怎么回答呢?

如果是我，首先我会重复对方说过的话“啊?如果你杀了人?”

这是作为交流技巧之一的“反复法”的实践。

那样的话，从她的口中，就会说出“我并不是想杀人”这样背后的想法吧。

一句话，“确认”也有两种做法。①重复。重复同样的词句，试着斟酌补充对方说的话。②明确化。就是把语言背后没有传达出来的东西，一边猜测一边表达。

在刚才的例子中，丈夫首先要和对方产生共鸣，认真倾听对方的话，然后说：“莫非是因为W太太的事？”

妻子可能回答说“确实，W太太的事情让我烦恼不已。”丈夫接着再询问“我能做点什么吗？”或者“你想要做什么？”

为了不让类似事件的悲剧重演，我们一定要注意，千万不要出现“话虽听，心却没听”的情况。

男人的“建议、解释、替代方案”是多余的

男人很容易就做出建议、解释、替代方案。当然，并不是所有的男性都这样，也有一部分女性喜欢给出建议，但是男性的这种倾向比较强。

我想说：“没有需要就别给。”

美国心理学家利奥·巴斯卡利亚著的《彼此相爱》中收

录了一首作者不详的诗。是一首非常美丽、悲伤的诗。

明明说“听我说”，你还是想马上给忠告。
为什么不按照我说的去做呢?
明明说“听我说话”，你却马上开始说教。
为什么要践踏我的心?
明明说“听我说话”，却马上把头探进我的问题里。
我很失望。
所以，祈祷一定会有用的。
因为上天什么都不说。
我不会给你忠告，也不会对问题说三道四。
上天默默倾听，把问题的解决交给我们。
所以，请安静地听我说话，
只要稍微等一下，我就会听你说。

案例

6

可以在炸鸡块上淋上柠檬汁吗

过度“臆测”伴侣心意反而迷失方向

就像到现在为止看到的那样，“希望不说对方就会知道”的人很麻烦，另一方面，某一方过度“臆测”也很麻烦。

在2017年播放的电视剧《四重奏》中，松隆子扮演的真纪和宫藤官九郎扮演的干生这对夫妇，一直过着和睦的生活，但是有一天，干生突然失踪了。

是不是真纪杀了干生，为剧情掀起高潮。这是一个充满悬念的故事，有各种各样的人物和复杂的想法交织在一起，不过，我关注的是，在这个电视剧中吃饭的场景是关键，呈现现实生活中的“男女的差异”。

两人亲密地生活的时候，真纪会做拿手菜炸鸡块。甚至在吃之前，还会撒上柠檬汁来调整味道。

有一天，真纪和朋友一起去店里喝酒，干生碰巧也和公司的原部下西村一起来了。真纪在那里不经意间就听到了对方的对话。

西村问“（炸鸡块）要加柠檬汁吗？”干生说：“啊，不要。我不喜欢柠檬。在外面的时候，让我吃我喜欢的东西吧。”

在家里的饭桌上，真纪一直以来都以为丈夫喜欢淋上柠檬汁。但实际上，干生很讨厌淋柠檬汁，而且，这件事一直没告诉真纪。真纪知道真相后，受到了打击。

从两个人的不同可以看出：“想被理解”的人和“过度臆测”的人

而且，剧中这对夫妇和理想中的“结婚形态”的不同。

真纪的原生家庭并不是一个很幸福的家庭，她希望

“如果自己结婚了，能建立一个幸福的家庭”，想努力营造一个既温暖又平静的家庭。

另一方面，干生被拉小提琴的真纪的神秘感所吸引而萌生爱意，婚后也一直追求着恋人般的心动。尽管如此，两人结了婚之后渐渐变得平淡，不知不觉间真纪小提琴也不拉了。

于是干生开始嫌弃讨厌那种像“黄脸婆”一样的妻子。

这可以说是追求与自己不一样的另一半交往，在一起后渐渐同化的典型。

对于在居酒屋抱怨妻子的干生，西村问“你不爱你妻子吗?”

这样问。干生的回答是：“爱啊！我爱着她，但我不喜欢她现在的样子。”

这个回答真是让人难过啊。

解决方法1：把自己的心情坦率地说出来

干生和真纪这对夫妇，是“想说的话不说出来，而想让对方理解的人”和“想太多的人”的典型。或许会有人说："啊！和我们家状况一样！"

像炸鸡块浇上柠檬汁一样，如果在家庭中，伴侣做了自己不喜欢的事情，试着将心情坦率地说出来，如何？

"偶尔试试不浇柠檬汁怎么样？你好像很喜欢浇柠檬汁，我今天想尝尝不淋柠檬汁。"首先，两个人试着吃不加柠檬汁的鸡块，然后问"怎么样？如果你觉得淋上的比较好，那么淋一半柠檬汁就可以了。但是，另一半我想吃原味。如果我想要柠檬的时候自己来淋。"能把自己想法坦率地说出来就好了。

解决方法2：不预设立场，先了解对方

妻子出于一片好意淋上柠檬汁，但这样的臆测却出现相反效果。

英语中的"May I help you?"是日文所没有的表达方式。直译过来就是"我来帮你吧！"如果是服装店的店员，就是："您在找什么商品？"如果是电话接线员，就是："您需要什么？"的意思。也就是说，"需要我做××吗？"是取得对方理解的表现。

我觉得这是日本人欠缺的，取而代之的是，善于随意揣度对方的心情，出于好心擅自为对方做一些事。如果能先说："May I help you?"（需要我帮助吗？）对方就有回答"No"（不用）的余地。像真纪那样擅自揣度对方的心情的话，在讨厌柠檬的人看来，就不能说"No"了。

顺便一提，在《四重奏》中还出现了即使问了"要淋上柠檬汁吗？"这样都嫌不够的人登场。如果是提问的形式的话，明明不想加，但还是会说"没关系"，所以必须说"有柠檬喔"这样的确认句。

尊重每个人的饮食喜好是很重要的。

“察言观色”不等同“刻意讨好”

讨好型伴侣真的是好伴侣吗

如果不怕引起误会的话，老实说我不太喜欢“讨好型”的人。

很多讨好他人的人都想成为“被爱的角色”，心里想着，如果讨好别人，会让周围的人觉得自己是个好人，从中可以看出你的用心。

“我想受欢迎”“我想被爱”，我觉得有这样想法人很多都工于心计。

取悦他人就是“Pleaser（讨好者）”，为了讨好对方，即使是无理的要求也会接受。

例如，这种讨好型的人当上了主管秘书可能会出现以下情形：主管说："希望这个资料你能迅速完成。"实际上，她当晚有约会，本来想18点回家，但对方说"用最快的速度完成"，所以她努力准备了资料，并于20点下班。

把那个资料交给主管后，他说："诶？你今天就做了吗？其实明天14点提交到董事会就可以了。"

其实，她只要多问一句："这份资料是什么时候需要用到的？"就好了。

因为取悦他人而牺牲了约会。这不是对方要求的事，却给自己带来不便。

取悦他人有好有坏，希望大家不要拘泥于"取悦是件好事"的价值观，而要重视实际层面的"语言的含义"。

饭桌上要有"商量"

几年前"女子力"这个词开始流行的时候，在宴会上帮大家把色拉夹在小碟子里的行为会被认为是"女子力高"。

这也是个问题，因为也有会想"不要擅自帮我装沙拉，我没有那么爱吃沙拉”。

在中餐馆，当饺子上桌的时候，有人会在所有人的小碟子里倒上佐料汁。酱油多一点，醋少一点，辣油多一点……但是实际上，我讨厌这样。最莫名其妙的是从辣油开始放的人，因为放了辣油之后再放酱油和醋也不容易混合在一起。

我自己有吃饺子的方式，醋和酱油的比例是2∶1。不同的人，有喜欢不放醋的，也有什么都不蘸就直接吃的。每个人口味各种各样，可是如果不管别人的喜好去调蘸料，这是欠缺对他人的尊重！

也有人一上桌子上就把棒棒鸡搅拌均匀开始吃，我喜欢分开吃。我不想吃混合好的棒棒鸡！

烤鸡肉串也有人从串上拆下来吃的，而我就是喜欢整串吃的！

这不是句笑话，希望大家能知道也有这样的人。顺便一提，控制盐分摄入的我，有时也不蘸任何调料吃饺子。

没有比食物差异更大的个人喜好。正因为如此，才需要“商量”。

“要拆烤鸡串吗？”

“棒棒鸡要搅拌均匀吗？”

这样问一句话我觉得就很好。顺便说一下，最近流行着“那么，大家各自吃吧”这样的说法，也被认为是“女子力高”。

情侣之间的“揣度”也是误会的根源，不如让自己试着从臆测的约会中解放出来吧。

在美国的电视剧中经常能看到，丈夫在家里煮咖啡的时候，每次都会问妻子“要不要加牛奶?”的场景。即使妻子平时喝的是黑咖啡，但也有想加牛奶的时候。所以丈夫才会多问一句：“今天要加牛奶吗?”

不去擅自揣度，每次都问对方想怎么做。我认为这才是情侣关系融洽的秘诀。

食物需要“商量”

案例

7

慢性子的丈夫，急性子的妻子

双职工家庭的问题

有这样的双职工夫妇。丈夫的口头禅是“啊，好累啊”“啊，好困啊”。妻子问：“可以帮我晾衣服吗?”得到丈夫这样的回答：“啊，我累了。”

妻子会产生“啊？不想帮忙晾衣服吗?”“家里有什么事是我必须做的吗?”的心情。但是，如果仔细观察的话，就可以知道，其实丈夫是想帮忙晾衣服的。

看到丈夫不可思议的言行，妻子开始感到困惑：“他究竟是怎么想的?”

从两人身上可以看出：家庭有“节奏差异”

说白了，这就是夫妻间的“节奏差异”问题。在这个案例中，妻子希望“丈夫快一点去做家务”。丈夫也准备好了做家务的计划，只是和妻子的计划不同。

说得夸张些，妻子想“用15分钟消化1小时内应该做的事情”，丈夫想“用2小时完成1小时内应该做的事情”。因为有很大的时间差距，丈夫认为的“过一段时间再做家务”，在妻子看来只是不必要的“偷懒”。

在共同做家务的情况下，也有相反类型的夫妇，有“吃完饭就想洗碗”的急性子的丈夫，也有“想把餐具堆起来，整理后再做”的慢性子的妻子。也可以说是夫妻间的时间差距问题。

另外，一位结婚半年左右的女性惊讶地表示，丈夫在家边喝咖啡边说：“一周前发生了……”丈夫说的话让她很吃惊。如果是自己的话，“今天遇到××，然后发生了……”但是，一周前发生的事情居然到现在才说，“这个人到底是怎么回事?”

即使她在开玩笑，丈夫也会思考一会儿，然后才说："原来如此，有趣啊！"而感觉彼此的节奏不合拍。吃早饭的时候，和丈夫商量了一下，说"请告诉我你的想法"，他说"我考虑一下"，到了那天晚上妻子一直期待着他的答复，但是一直没有消息，过了三天后终于得到了他的答复。

解决方法：把所有的婚姻都看作是跨国婚姻

我们都是日本人，因为长相都很像，所以会认为即使不表达也能理解对方的想法，这是天大的误解。更何况，男人和女人是不同的生物。

虽说是一起生活的夫妇，但也是完全不同的人种。有做事时间安排的差距，语言不同，文化也不同。在我看来，如果把与另一半的关系理解成"所有的婚姻都是跨国婚姻"，应该会相处得比较好。

如果认为结婚生活的差异和男女的分歧，其实都是因为文化的差异，那就可以理解了。

第三章

如何弥补夫妻之间的差距

嫉妒有助于排挤别人、指责他人。

但是，这一切都是从他人那里剥夺自由，诅咒和束缚的手段。

阿尔弗雷德·阿德勒著《理解人性》

无性的假面夫妇

离婚的人越来越多，其实假面夫妇也很多

有数据显示，最近每三对夫妻中就有一对离婚。另外，面具夫妇也很多。我认为关系冷淡、不做爱的夫妻，本质上和离婚是一样的。

近年来，来咨询关于夫妻之间性冷淡问题的女性越来越多。在序章的手记中，尚美的丈夫说："妈妈养育孩子也很辛苦，而且有了男孩子，不就好了吗？"妻子是孩子的"母亲"，是生孩子的"机器"，最后是单纯的同居人，或者是养育孩子的负责人，被认为是无偿工作的保姆……

以前也有政治家说过“女性是生育机器”，也许不是出于恶意，但反映了他内心理所当然的想法。

男人和女人对性爱看法的差距

为什么男人和女人对性的看法会如此不同呢？

尚美的丈夫认为，“生完孩子，妻子的任务就完成了”，还有“自己的任务也完成了”，认为性行为只是为了繁衍后代才存在的。他说：“可以延续香火的男孩出生了，这样就好了。”

但是，女性对性的看法是不一样的。这不仅仅是单纯的性行为本身，而是包含更广泛的概念。

在男性中，有完全不理解性的人，甚至很多男性连拥抱都做不到。

来找我做关于性生活问题咨询的夫妇，我都首先要求他们练习拥抱。有个男生突然用运动员那样的熊抱，就像相扑比赛一样，以惊人的气势扑向伴侣，用力抱住对方。等等，请等一下！对于这样的男性，我想教他们温柔的拥抱方法，但是我也不可能触碰到他们的伴侣，所以我提示说:"等一下,请您试着扮演女性吧。"

接着我作为男性角色,轻轻地抱紧丈夫。

"这种感觉怎么样?"

"啊!完全不一样啊。"

"但你一直对妻子做的不是这样的拥抱,而是双手穿过对方腋下锁紧的格斗技巧啊。"

性冷淡为什么这么多?

阿德勒的弟子鲁道夫·德雷克斯在著作《人是如何相爱的》中写道,性的功能有三个:

1. 生殖的基础,繁衍后代的功能。

2. 用于个人满足的手段,追求快乐的功能。往往只是一味地敷衍了事。只追求自己或占有他人的满足。

3. 一体化(肉体和精神),把两个人紧密联系在一起,无论在肉体上,还是在精神上,都是一体的。

阿德勒心理学重视的是第三个"一体化"。

以此为基础,再来考虑无性生活的夫妻为什么越来越多,这也是因为在性方面存在着男女的认知差异吧。

性有三个领域：

1. 宏观领域，照明、香氛、背景音乐等刺激五官的区域。

2. 微观领域，拥抱和碰触身体的领域。

3. 核心区域，性结合。

请和你的伴侣讨论一下自己追求哪个领域的满足感。

大多数男性认为核心区域（性结合）才是性爱。想占有对方，追求粗暴的性爱。或者有必须要做的使命感，而且深信女方也会很喜欢这种行为。

但是大多数女性，即使没有核心区域，只有宏观或微观区域就足够了。其实很多人反而更重视感官方面的满足。

在日本散布的成人录像中，似乎都以“占有女性”为目的，描绘激烈的性爱场面。那种观念深深影响年轻族群，让人产生一种必须占有对方才能给予对方极大满足的错觉。

不能像成人影片那样粗暴，也不想这样霸道的男性，就会逐渐对性爱失去自信，是导致性冷淡的一个主要原因，你觉得呢？没有隔阂的幸福夫妻的性生活，通常都有做充分的准备（宏观领域）→细心地拥抱（关注微观领域）→在核心领域互相满足。

所谓性，就是用身体沟通的交流手段

我想推荐的不是性行为本身，而是鼓励身体和身体相互接触，一起呼吸。稍微改变一下灯光，点上香氛蜡烛，喝着美味的红酒交谈，对女性来说也是一种性的范围。

这也是第二章介绍的tact交流之一。没有对对方的命令和要求，只是互相肌肤接触，呼吸就足够了，也能得到和做爱一样的满足感。

如何消除情侣之间的不和

为什么越来越多的女性“讨厌性”

在女性中，也有因为“讨厌性”而烦恼的人。

这是为什么呢？详细询问了理由后，我突然想到其实可能只是因为“讨厌被支配”，或者是觉得性爱“不能慌乱”“不能失败”的理想型的人。

也就是说，把性爱过程中的忘我解读为“变成淫乱的女性”“是把自己送上门”“被男性支配着”这样的感觉，从而讨厌性的女性。

这样的女性来咨询的时候，会若无其事地问“难道不是性冷淡吗?”而对方回答“yes”。一定是无法解放自己的类型吧。

如果是无法将自己托付给男性的女性，建议进行夫妻间的按摩。性是为了谋求肉体和精神上的一体感而完全把自己交给对方的事，所以我会请夫妻通过按摩让对方感受到这一点。

你知道女性身体特有的情况吗

进行伴侣咨询的时候，有的男性会说："妻子的心情突然变差了""妻子突然嚷着要分手""妻子的事情，有时让人无法理解"。

你知道"PMS"吗？就是所谓的"经前症候群""经前紧张综合征"，是从排卵后、月经的7—10日前开始出现的女性特有的症状。引起头痛和困意等身体上的问题，当然也会影响心理，造成情绪不稳定，也会无缘无故变得易怒。

女性突然变得不高兴，没有理由地变得易怒，大多是PMS的原因。

身体方面的症状

下腹部疼痛、腹痛、食欲不振、颈肩酸痛、头痛、乳房疼痛、便秘、胃痛、乏力、浮肿等，造成“本人很痛苦”。

精神症状列举

抑郁、焦虑、不安、攻击性、情绪不稳定、过敏症等“不仅会影响本人，还会影响周围的人”。

PMS是在作为女性荷尔蒙的一种——孕酮的影响下发生的症状，但本人不自觉。

而且，PMS也会让你陷入性爱的烦恼，如果你的伴侣拒绝你的性爱，也许你就会意识到，她并不是真心拒绝你，而是荷尔蒙让她这么做的。

北美地区的婚前情侣会咨询“婚前咨询”（Premertal Counseling），这是为了幸福的婚姻而举办的讲座，其中关于PMS的知识，不管是男性还是女性都是必须了解的。

男性知道女性PMS是必要的，但是更重要的是，女性要在平时就自己的PMS症状进行说明。如果事先告诉伴侣“一到生理期前，就会变得容易掉眼泪”“生理期前，没有干劲”等，男性就不会去说“最近她好像没有精神，怎么了？”而是注意到“啊，可能是生理期前”，可以避免两个人之间产生隔阂。

我推荐的托付训练（配合呼吸）

对性冷淡的夫妇，我会协助他们进行这样的训练。

首先在墙壁上放上坐垫或垫子等，然后将其作为椅背，让男性倚靠在墙壁上。然后，女性背对男性坐下。男性从女性背后环抱。然后，夫妻彼此配合呼吸。

先生，请尽可能地配合妻子的呼吸。彼此呼吸节奏同步后，就会放松心情慢慢地呼吸。然后，请试着保持五分钟、十分钟完全同步呼吸的状态。

这个训练结束后，大部分的女性都说“感觉更好”“呼吸能同步，更舒服”。

这也证明了不知道妻子的呼吸状态的丈夫有很多。

让我们改变对伴侣的称呼

还有一个推荐给前来咨询的夫妇的方法。

不要称呼对方为“爸爸”“妈妈”。

对孩子来说当然是爸爸、妈妈，但是对丈夫来说妻子不是“妈妈”，丈夫也不是“爸爸”。

因为互相称呼爸爸、妈妈，就会变成“孩子的爸爸（或者妈妈）属性”，夫妻之间就会产生问题。

有一次我对夫妻关系出现裂痕的夫妇说：“从今天开始，不要用爸爸、妈妈称呼对方看看。你们在交往中和结婚之前，是怎样称呼对方的呢？请回到那个时候。”

结果如何呢？刚开始，虽然夫妻俩难以适应，但是习惯了婚前的称呼之后，渐渐想起了恋爱时候的日子，慢慢有了当时交往的氛围，开始觉得彼此都很重要。

如此简单的事情，爱就会复苏。

沟通彼此的性爱观才能找到平衡

我想再建议一件事，就是双方通过语言达成“希望至少可以这样”的观念。

可以在玄关放一只招财猫。如果招财猫面向后面的话，表示妻子“今天不要”，如果面向正面的话，则表示“今天可以”，这些都是妻子发出的信息，丈夫会在回家的时候确认这个信号。如果用语言来表示有抵触情绪的话，夫妻之间可以事先决定好这样的肯定或否定的信号。

人为什么会“出轨”

为报复而发生的婚外性行为

2017年，以双重出轨为主题的电视剧和电影引起热议。

以前说到婚外恋（婚外情），总是会联想到有妻子的男性和单身女性……但是，最近已婚女性出轨的情况也比较多。

女方进行婚外恋的理由之一是“对伴侣的报复”。因为丈夫先出轨了，妻子为了泄愤……

另外，也有想确认自己“作为女人的魅力”的心理的原因。婚后与丈夫做爱次数减少甚至为零，她就会想：

“虽然丈夫不认同自己，但我还有做女人的可能性。我想通过别的男人来证明自己的魅力。”夫妻吵架时经常会说“你这个人谁都不理你!”“你在说什么！也有人说我好!”

不管是男性还是女性，都希望自己是有魅力的。试图寻求通过他人的肯定而产生优越感。

为了证明魅力，寻求他人的赞扬也是外遇的主因

完全是因为“想被夸奖”才会出轨。在特别的案例中，有的男性和婚外伴侣进行不能和妻子进行的性行为，而对方也在尝试着和丈夫不愿意做的各种尝试。互相寻求刺激，作为男性和女性的可能性也被发挥到极致。

也就是说夫妻之间不能做的事情，就寻找婚外伴侣来做。

为什么夫妻之间做不到呢?

孩子已经生了，为了养育小孩时间被压缩，而且在有孩子的时间以及空间里不适合做爱。出轨的人去情人旅馆，既能有充裕的时间，又有适合的环境。

那些为性冷淡而烦恼的夫妇，或者怀疑其中一方有外

遇的夫妇，我都建议他们去情人旅馆。

“啊？结婚前去过，但结婚后就没再去过。因为在家就可以了。”

“那么，更应该去。请试着去一次看看。和单身时一样，请用心地约会。把孩子托给其他人照顾，约会时不谈论孩子的话题。准备好了，去旅馆试试看。”

这对夫妇在那之后表达了对我的感谢。

“太好了，谢谢你的推荐，那之后我们就常去了。”结婚以后，和恋爱时期相比，失去的东西很多。因为结婚了，所以不去情人旅馆，也不去很棒的餐厅吃饭，也不一起去旅行，这样是很奇怪的。不正因为结婚了，所以必须培养比单身时更充实的亲密关系吗？

婚外伴侣是自我需求的满足

有时候，有些人会有像撒网一样和各式各样的人搞婚外恋。尤其在男性中特别多，所以，妻子才来咨询恳求我想办法的。惯常出轨的人，大多缺乏对对方的尊敬和信赖。不管是对妻子，还是对出轨的女性，都把她看成是自我需求的满足，也就是不能把一个人看作有尊严的个体。

我来介绍一个有趣的例子。刊载在《钻石在线》的一篇文章（2017年7月1日）中写道“即使去了酒店，也只是贴着脸颊！一般人无法理解的第二恋人的恋爱观”，这是一篇超越了恋爱常识的文章。

《朋友以上，外遇未满》的作者——自由记者秋山谦一郎先生透露，和成人的已婚人士之间，有所谓“第二伴侣”的恋爱，因为没有性关系，这种关系才能更深入。没有亲密的身体接触，只是分别的时候，会互相贴着脸颊，道“再见”。这样，和偷偷见面的“第二伴侣”的关系，似乎比结婚对象还要亲密。另外，有趣的是，可能是因为和“第二伴侣”的柏拉图式恋爱而使内心得到满足，和配偶的性生活恢复活力的例子也不少。

在我实际听到的案例中，也有在孩子出生后宣布夫妻性生活结束，而且彼此默认配偶婚外性行为的人。

阿德勒断言：“看起来似乎深爱的两个人，实际上，谁都不爱谁。”

案例

8

隐藏在语言背后的微妙感情

知道丈夫“期间限定出轨”的妻子

这个是对我实际在咨询中处理过的几个案例稍加修改后编写的故事。

和夫（化名，38岁）和正子（化名，35岁）结婚10年，都是双职工。用正子的话来说，“结婚后，现在是最充实的关系”。虽然也没有放弃生孩子的计划，但令人在意的是，夫妻之间就像朋友或兄妹一样，做爱的次数一年也屈指可数。这样的夫妇突然面临了危机。趁着和夫洗澡的空当，正子读了和夫的手机短信，看到了一位女性发来的“昨晚很激烈啊”之类的文字。正子问了和夫之后，和夫爽快地承认了两人的关系并说："昨天是最后一次。"

和夫的说明如下。

和夫受到了公司派遣职员理惠的诱惑，她说："我的未婚夫不在日本的时候，我希望你能成为我的恋人，就只有两个月。"听到超级美人理惠这样说，和夫就像被狐狸诱惑一样。女方不断追问"现在，请在这里立即回答我"，两人当晚就同床了。之后，基本上以一周一次的频率发生关系。然后，今天女方的未婚夫回国了。昨天他们燃起了熊熊烈火，按照事先达成的协议，打算以昨天为最后一次，然后结束关系。

听到这些话的正子怒火中烧，夺门而出，把结婚戒指扔进了水沟。

从两人的差异可以看出：即使结婚后，也要把妻子作为女人看待

从那一天开始，夫妻之间只进行了最低限度的对话。两人想要离婚，所以来找我咨询。

来我这里做心理咨询，可以认为夫妻"比起结束两人

关系，更希望婚姻生活能够持续下去”。但是，正子提出了“重新买结婚戒指”“从丈夫五万日元的零用钱中每月拨出一万日元，持续两年支付给妻子”“让丈夫的出轨对象和其未婚夫来谢罪”三个条件，怎么也不让步。

丈夫马上同意了①②，但是对③表示为难。

于是，我们就离婚的条件进行了讨论，可是作为当事人的正子却迟迟不来。我问了理由，正子还经常说：“我的气不打一处来。”

“能再具体一点告诉我你的‘心情’吗?”

“我不能容忍只有丈夫好过。对我冷淡，但每次和那个女人见面都有发生关系。这种事能原谅吗？他没有把我看成是女人。而且要以‘关系已经结束了’来收拾残局。在我心中，那件事没有结束，那样的事实不会消失。而且，他也不想履行约定的事情。太没有诚意了。”

也就是说，正子的本意是“希望对方把自己当作女人来对待。希望能好好地维持夫妻关系。希望对方诚恳地道歉，而且希望能得到补偿”。原来是这样的。

语言背后隐藏着微妙的感情和特有的意图。

解决方法：寻找某种修复的契机

从那以后，说起两人的夫妻关系，相比之以前，性生活似乎更美满了。

夫妻一起来咨询，其实就是想修复亲密关系。如果这两个人真的想离婚的话，会一起来咨询吗？你一定会这么想“脸都看烦了”“不想在同一个空间共同生活”。但是，两人还是来了。那是因为，如果彼此有“某种契机”，就会想修复关系。

案例 9

女人也想掌握主导权

多年后妻子的芥蒂仍未消失

说到复仇，还有一个有趣的例子。内科医生阿进（化名）和护士小绿（化名）的婚事，曾遭到阿进父亲的反对。在交往中，阿进曾想过把小绿介绍给自己父母，但父亲只留下一句“她不适合做儿媳妇”就不肯见面。在阿进的身边作为结婚对象，好像有“女医>药剂师>护士”这样的序列（序章的手记中，尚美的公公“什么！是护士啊”这样的话语中也有体现）。阿进和小绿在阿进的父亲因癌症去世半年后办理结婚登记。没有举行婚礼，两人在国内进行了两天一夜的蜜月旅行。阿进的母亲和妹妹也没有接纳小绿，只是用电话事后做了汇报。阿进的父亲遗骨被埋葬在可以看到大海的墓园里。父亲过世整整两年后，阿进和小绿决定带着孩子们去参加父亲三周年忌日的法事。阿进终于把小绿介绍给了亲戚，小绿和阿进一起坐在了干净的位子上。阿进试着观察，对小绿以笑容应对留下了印象，有“这样一来，心情舒畅地让小绿成了家族的一员”的放心感。问题在回程的时候发生了。小绿拒绝坐在接近阿进家人的座位上，和孩子们一起坐上了别的车厢。而且，不仅如此，还这样说：“亲爱的，如果你觉得我很重要，就和原生家庭断绝关系吧。我不想再和他们见面了，也不想让孩子和他们再见面。”

从两人的差异可以看出：作为置换自卑感的复仇

这个案例是以我的一些咨询案例为基础创作的，有各种各样的见解。

①应该理解之前被拒绝的小绿的心情（小绿的拥护者）。

②现在让阿进与自己原生家庭断绝关系的小绿一定是

哪里出错了（阿进的拥护者）。

③小绿的心情可以理解，不过，如果让阿进和孩子们也和父亲家断绝关系的话，那就太过分了（属于中立的立场）。

我的见解（也许是因为我是男性）是②或③。小绿的支配性，带有很大的疑问号。小绿一定在虎视眈眈地等待着最佳时机吧。然后在这里发挥了自己的特色。因为掌握了主导权，也有孩子作为“人质”，所以认为丈夫也可以随心所欲地控制。自己成为领导后，会想说：“如果想见孩子，就为前非忏悔，来向我道歉吧。”小绿的情况，不仅是向丈夫复仇，也是向丈夫的父亲和家人复仇。在结婚初期，妻子的地位很低，但是有了孩子，成了母亲，操纵丈夫取得了大权。公公婆婆健在的时候，这一点不明显，如果其中一方去世，妻子的相对地位就会上升。也就是说，小绿的台词是“自卑感产生的复仇”。一直被阿进父亲反对结婚，被阿进的原生家庭疏远的小绿，心中充满了想要复仇的念头，然后那个机会来了。小绿拒绝与阿进原生家庭相互接纳，甚至与其原生家庭断绝关系，想建立一个不受其原生家庭支配的王国。

解决方法：不参与复仇

如果小绿对阿进和孩子们与原生家庭的联系“睁一眼闭一眼”的话，那么还在我的容忍范围内，但拒绝任何的例外，坚决要求切断与其原生家庭所有联系的话，那么我劝阿进与小绿可以考虑离婚。理由有两点，小绿想让阿进断绝与原生家庭关系的目的是复仇，掺杂复仇情绪对两人关系是没有建设性的。像这样，用只有自己一个人的感情，包含阿进和孩子们与阿进的原生家庭断绝关系的小绿的应对方式，是操控性及专制性极强的做法。如果阿进按照小绿的意愿与原生家庭断绝了关系，这样的要求一定会在两人的婚姻生活中频繁发生吧。家本来被认为是“信赖、亲密、血浓于水的共同体”的地方。这样的家庭，伴随着复仇的感情而分裂的话，会怎么样呢？

原本，从各自的家庭出生成长的两人结成情侣而结婚，不仅仅是夫妇两人的营生，还包含着家族和祖先的传承，是家庭与家庭的结合。

可爱的嫉妒，麻烦的嫉妒

轻微的独占欲是爱情的证据

说些听起来有些奇怪的话，轻微的嫉妒是健康的表现。“那个人本来就是见异思迁的人，所以那样就好了”这种放任主义的话，乍一看很安定，但实际上彼此的感情会因此逐渐冷淡。

但是，如果独占欲和束缚心过剩的话，就会很麻烦。

有时，会有“因为不安而操纵他人”这样类型的人，就像有的女性绝对不让丈夫坐飞机。明明有国外出差的计划，但是：“飞机有很多严重事故，请不要坐飞机。”可是，不管是汽车还是电车，运气不好的话都会出事故，妻子却只是禁止丈夫坐飞机。

试着深入解读她的“不要坐飞机”的信息，是这样的：

表：“我不希望你遇到危险。”

里：“留在我身边，希望你能一直陪在我身边。”

也就是说，这些是出于控制欲和没有安全感而发出的声音。想很好地缓和这种心情的方法是，体谅对方的心情。而沟通技巧之一的“感情反映法”就很有用。

第三者的嫉妒真是麻烦

世上有嫉妒别人幸福的人，这样的人最麻烦。在序章中介绍的尚美的手记中，有一个人告密丈夫和企业家夫人的关系很奇怪。实际上，这个告密者是嫉妒幸福的院长夫人（尚美）的。所以在竞争心理的作用下告了密。正所谓“他人的不幸会有甜蜜的味道”。告密这种动机的原因也在于“自卑感”。消灭了让他感到自卑感的对象的时候，告密者就成为相对的胜者。

我对“爱”的定义

有各式各样的爱

阿德勒那个时代理想的夫妇形象是，互相合作，互相成就……但是，就像在这一章看到的那样，现代人感情不和睦的概率增加了。看着各种各样形式的“爱”，我找到了这样的“爱的定义”。

广义的“爱”

爱不是感情的冲动，而是更好的人际关系的副产品。

广义上，不局限于男女情侣，而是将亲子之爱和人际关系等全部都归属到爱的范畴。这是从重视人际关系的阿德勒心理学的立场上定义的。也是之前从鲁道夫·德雷克斯说的“爱不是一种情感。爱是一种关系”。获得灵感传达了这个爱情的定义，作为生命目标的交友课题，维持爱情的圆满关系的课题不是暂时的情绪冲动，而是以信任为基础的人际关系，这才能确立和维持不动摇的爱。

狭义的“爱”

所谓爱，是指伴侣两个人之间的爱。

狭义上，是限定于情侣之间的爱的定义。德雷克斯《人是如何相爱的》中提到“爱情是当事者所认为的东西”，如果从广义角度来说是“更好的人际关系的副产品”，对于情侣来说，爱情说到底是组成情侣的两人所达成的协议。由情侣两个人定义的爱，在两个人处理工作交友、爱的课题时会被考验。只要不违背法律，对共同体没有破坏性，两人所定义的爱的关系，对他人来说是不可侵犯的领域。在前面出现的食物的话题和接送孩子开始，到彼此的朋友关系，到做爱的方式，我认为都应该在两人的协议下进行。从这个定义来看，和第二伙伴的恋爱以及相互承认配偶的婚外恋爱的夫妻，客观上都是无法理解的关系，但是，对于那些情侣来说，那就是“爱情”，是可以容忍的，各位觉得呢？

第四章

亲密关系的裂痕和修复

如果有坦诚、彼此信赖的氛围，那么即使遇到矛盾的问题也会迎刃而解。

不相信丈夫会赞同自己的妻子，不认为丈夫会理解自己愿望的妻子，只是在为吵架和失望做准备。

鲁道夫·德雷克斯《人是如何相爱的》

案例 10

一位男性的手记

发现妻子本意的丈夫

这里，介绍一位男性写的长篇笔记。

这是我以经常见到的夫妇情况为基础创作的，一个40多岁的男性，自己经营内科和心疗内科的诊所。他大约1年前离婚，因为心里有很多事情放不下，于是去了心理咨询师那里。这个笔记，是在经过了几次咨询和会谈后，某一天写的。

儿童时代的影响和其他因素

我是酒井，我和妻子离婚8个月了。最近，透过一个渠道，我读了前妻的手记，她自称“护士”，以下三点给我留下了深刻的印象。

1. 她小时候形成的信念一直操控着她。

2. 诊所开业的时候就有不合的征兆。

3. 我们没有建立起互相合作的夫妻关系。

加上我对这些的体验，决定写手记。

第一，她小时候的事情，我们恋爱时我是听说过的，没想到会造成那么大的影响。和我结婚后，我以为她可以摒弃过去，好好享受幸福的生活。刚结婚的时候，医生和护士的伙伴关系被很好地运用，处于各自承认差异的同时也能互相尊敬信赖的关系。尽管如此，“男人是肮脏”“男人是狼”“男人是狡猾的”“男人是不讲信用”的男性形象是无法逃避的事，甚至是“我是没用的人”。这样深沉的自我评价在婚姻生活的危机出现时，就慢慢显露出来了。

第二，回过头来看，从我开业的时候开始，我们的裂痕就开始出现了。她作为一名护士，希望帮助我进行诊疗。但是，我认为“妻子应该以育儿为中心，所以只让她负责一些轻微的事务工作”，但似乎起到了反作用。

我认为是我只顾早期经营的稳定，不顾家庭，才造成了现在的局面。

第三，跟第二点也有关系，开业以后，无论是家庭还是诊所，我们的合作关系变得淡薄了。在那之前，在家也会共同参与育儿，交流也很多。但是，诊所开业后，家里的事由她负责，诊所的责任由我负责，就像这样各自守着自己的城堡一样。夫妻之间重要的交流——做爱，也产生了分歧。我的确对她说："有了男孩子，不就好了吗？"虽然我并不是刻意回避性爱，只是因为忙碌和疲惫叠在一起的缘故，不知不觉间，她成了孩子的母亲，我成了诊所的院长。和她的合作关系淡薄了，不久她在怀疑中产生了嫉妒的心理，对这件事，夫妻间没能进行对话，就这样走向了离婚的道路。但是，在离婚调解中，我认为说我"不想让母亲抚养"因此获得了儿子的监护权，这与事实不符。她半发疯似的说："什么都不要了，让我自己一个人。"于是就把荣一（儿子）托付给住在附近的父母。我读了她的手记，之前有些疯狂的她，居然能冷静地写下手记，那种感情的落差，令人吃惊。顺便说一下，我赌上我的名誉来澄清一件事情：我和企业家夫人之间，完全没有妻子所怀疑的那种事实。

我送那位夫人去做治疗和心理咨询，也一起参加过音乐会，之后也吃过饭，但仅此而已。虽然到现在还没有向企业家夫妇说明我和妻子离婚的原因，但是如果把这件事告诉了他们的话，他们一定会一笑置之的。

儿童哮喘

离婚后，和我父母住在一起的荣一，看起来马上适应了环境。虽然一周见一次面，但他完全不提母亲（尚美）的事，而且看起来也很适应新学校。但是，两个月后的某一天，我的母亲联系我说："荣一晚上咳嗽得很厉害，看起来很痛苦。"我一检查，明显是哮喘的症状。我既是内科医生又是心理医生。此外，在当医生的时候，我还学习了阿德勒心理学的基础知识。根据经验，我判断荣一是在用"哮喘的症状传达某种信息"。阿德勒的早期理论中，有一种信息是通过身体症状从身体器官表达出来的，这被称之为"器官隐语（organ jargon）"。因心理上的原因导致身体出现一些症状，即所谓的心身疾病。哮喘、过敏性皮炎、带状疱疹、圆形脱发等。如果是这样，荣一的哮喘就是心理上的问题。而且在荣一因为哮喘咳嗽的时候，我的母亲一边抚摸着他的后背，一边问："你是不是想见妈妈?"荣一忍着眼泪点了点头。对我来说，失去妻子并没有太大的失落感，但对荣一来说，母亲是无可替代的存在。

人际关系程序中的发现

我像寻求救赎一样，开始读阿德勒的书。其中的一节，“结婚应该是为了彼此的幸福，孩子们的幸福，社会的幸福的伙伴关系”看到了这句话，犹如被雷劈一般的战栗在身体中回荡。我安于婚后稳定，中途就忘记了两个人的伙伴关系，把彼此的幸福、包含着孩子的家庭幸福抛在脑后，把诊所放在了最优先的位置上。我拜访了曾经教我阿德勒心理学的老师，不久又去听了以夫妇、家庭为对象的人际关系课程。

在那里，学习到了以相互尊敬、相互信赖为基础，为了共同的目标而合作的关系。其中包含重复对方说过的话的方法，找出感情背后的想法和其他感情等练习沟通的基础。在练习中，我把对方说的话很好地归纳总结，并加上自己的解释和建议。但是被对方说“不对，不对”，让我受到了打击。看来我只凭自己的理解接受了对方所说的话，而不理解背后隐藏的重要含义，经过这样的练习，我明白了妻子说的“让我一个人，我们离婚”，也许说的不是离婚，而是想传递设立“冷静一段的时间”“想改变我们的婚姻方式”这样的信息。

在听人际关系课程的时候，讲师说过的一句话给我留下了深刻的印象。

“结婚是爱情的课题，离婚是工作的课题，离婚后是交友的课题。”

我经历了结婚、离婚，但离婚之后的事情，却不知道该怎么办，我有些不知所措。但是讲师所说的“离婚后是交友的课题”这一节，给我带来了灵感。同时想到荣一的哮喘，我想到让荣一去见一见妻子。

一家人的团圆

我接受了阿德勒心理学老师的个人咨询，了解了尚美的心理。尚美所具有的“男人是肮脏”“男人是狼”“男人是狡猾的”“男人是不可信”的印象，以及在她未成年的时候形成的“我反正是没用的人”的自我概念。此后也揭示她的生活风格和直接影响，所以她选择了最引人注目的事情。看来离婚的理由并不是她的嫉妒，而是我没能正确理解尚美，没能调整好与她的关系，我察觉到了自己的过错。原本我就把尚美当作工具人的存在，而不是无可替代的伙伴。离婚3个月后，我让荣一见了尚美。荣一好像填补了3个月的空白一样，非常愉快地说着学校的事情和与祖父母共同生活的情况。我发现尚美自行学会了那些我之前练习时做不好的部分：直接重复对方的话，探索情感背后的想法或是其他感情等沟通的基本方法。荣一问道："妈妈怎么了？"尚美回答说："每天，每天，我祈祷着爸爸和小荣能幸福地生活下去。"听着这番对话，我冲进厕所，发出了从未有过的呜咽。在这3个月里，我脑子里想的是如何回避离婚对诊所的影响，以及荣一的哮喘，说实话，我几乎没有考虑过尚美的事情。在那之后，不可思议的事情发生了。荣一的哮喘消失了。我意识到，对他来说失去母亲是一种多么大的压力，能见到母亲是一种治愈。

个人咨询和夫妻咨询

我拜托尚美每月和荣一见一次面。一半左右时间是和我一起，一半是只有母子二人。

为了重新审视自己的生活风格，我继续接受咨询。有一天，咨询师用有点恶作剧的眼神对我说："你们作为荣一的父母，为了今后交友课题的顺利进行，要不尚美也一起来咨询一下吧?”

这个会谈非常有用。在互相明确各自的生活风格之后，不是找“之前有什么问题吗?”而是讨论“今后能做的事情”。在另一个夫妻咨询的会谈中，互相说出对方的优点，最后以感谢结束。这3分钟的会谈中，尚美也写了我的优点，“有同情心，什么都知道，很努力研究，有上进心，心里有家人，孝敬父母，有决断力，有洞察力，专注力，平衡感，能鼓舞别人”等15个优点。我只写出“聪慧，温柔，擅长做菜，有同理心，忍耐力强，有毅力，善于支持”，只有她的一半左右。在会谈的最后，进行了“交换感谢”的活动，即把至今为止的感受和在今天的会谈中想表达的感谢写在纸上互相传达。这是互相向对方传达“三个感谢”的方法，不过，由于互相用心传达，有了深入内心的感觉。这天，是两人的最后咨询。在此之前，心理咨询师会让两人稍作休息后回家，但偏偏这一天咨询师提议说：“从现在开始，两个人一起度过两个小时吧。”我们决定在JR饭田桥站附近的咖啡店喝茶。这里是值得回忆的地方。结婚前还在恋爱的时候，会一边喝红酒一边吃意大利料理，乘坐小船，是我们一起度过美好时光的地方。但是，咨询师提出了两个条件，不要谈论荣一以及不要提及离婚的原因。在咖啡店忠实遵守这一约定的两人一边喝着红酒，一边聊天，仿佛回到了恋爱时期。

饱含深情的情书

最后的咨询是我一个人进行的。

咨询师建议我复习一下人际关系课程中教我的写信方法，于是我回顾了从结婚到离婚，以及离婚后的生活。我通过咨询，在各种各样的场合，发现了自己的不足之处。再次认识到尚美是一个无可替代的人。然后给尚美写了一封连单身时期都没写过的，饱含深情的情书。

怎么样？读了这位男性的手记，有什么感想吗？你已经注意到了吧。酒井医生的妻子是序章介绍的手记的主人公——尚美。男人的立场和女人的立场，即使是同样的事情，看法也完全不同。像这样，因为语言和身体的交流不足导致夫妻不和离婚的例子真的很多。酒井医生一开始称呼她“妻子”“她”，但中途改成了“尚美”这个固有名词，让人印象深刻。表现出了他心情上的变化。那么在下一章，以酒井医生和尚美夫妇的体验为基础，详细说明我个人认为的“经营亲密关系的秘籍”。

第五章

经营亲密关系的秘籍

爱情和婚姻对于人类的合作来说是极为重要的。

这种合作不仅是为了两个人的幸福，也是为了全人类的幸福。

阿尔弗雷德·阿德勒《人生意义的心理学》

最重要的是相互尊重和信任

为了成为更好的夫妻关系构筑法

下图是以阿德勒心理学为基础，我设计的“更好夫妻关系构筑法”。

首先，最基本的是确立“相互尊敬、相互信赖”。“尊敬（尊重）”是指，虽然每个人在年龄、性别、职业、角色、兴趣等方面有差异，但人的尊严是没有差异的。

所谓“信任”，就是不管对方的属性（地位、收入、学历、经验等），无条件地相信对方。总是想要找出对方行动背后的“善意”，不寻求证据。

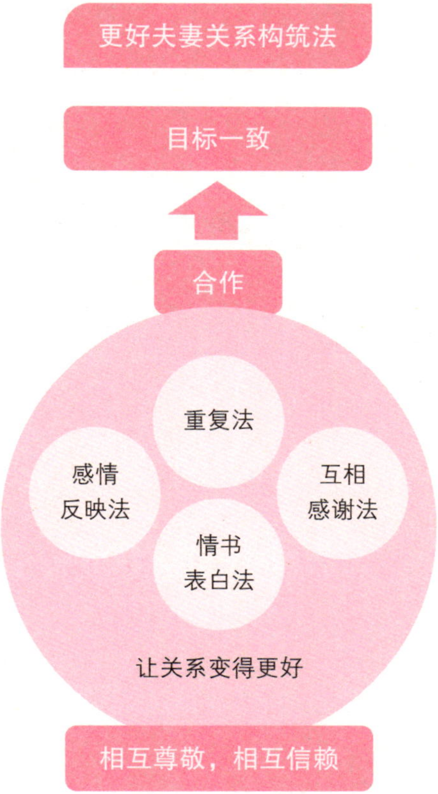

“相互”是重点，单方面是不成立的。

相互尊敬，相互信赖变得重要。阿德勒心理学比其他心理学更重视男女平等。

在第四章登场的人际关系程序中，酒井医生以相互尊敬、相互信赖为基础，学习为了共同的目标而合作的关系。阿德勒心理学中也有这样的说法。

自己先去做，先给予更多尊敬和信赖的事，相互尊敬、相互信赖才能实现。

这样的观念或许在人际关系复杂的现代社会难以实践。

但是，如果想和另一半持续良好的关系，还是先试着努力确立“相互尊敬、相互信赖”吧？

秘籍

1

四种方法让关系更美好

遇到问题，以目的论为基础进行“更新”

我经常对情侣说，每天都要“更新”。

在每天的婚姻生活中更新“丈夫的事情”“妻子的事情”。

此外，也要有每次活动的更新，每年的更新。

驾照也是有更新期限的吧。同理，我觉得所谓的相爱，一定要伴随着双方的动态和心情而随时更新。

对于遇到问题的情侣，建议大家有像“为了改善彼此的关系，能做的事情是什么？”这样的想法。这是以阿德勒心理学所重视的“目的论”为基础的“让关系更美好”

的方法。

在第四章手记中，酒井医生和尚美出去约会的时候，被咨询师叮咛儿子荣一的事不要提以及不要提及离婚的原因，这是基于目的论而给的建议。

使用“让关系更美好”的方法的话，面向未来双方能做的事情会变得明确，动力也会高涨。不是“谁哪里不好”，而是“为了让现状变得更好应该怎么做”的想法。

“让关系更美好”的方法，可以运用“重复法”“情感反映法”“情书法”“互相感谢法”四种方法。

这就是我所提倡的，持续良好伙伴关系的秘籍之一。

重复法

重复对方的话。可以补充对方的话，使其更明确和完整。在第二章中出现的，以及在第四章的手记中出现的重复对方说过的话的方法都是在使用这个方法。

情感反映法

不要只听对方说出口的话，而是要体察那种“寂寞”“不要一个人待着”等话背后的感情，并将其转化为语言。

读弦外之音，并不是多疑。

例如，丈夫回家晚的时候，妻子会说“我生气了”

"你总是回来得那么晚啊"。愤怒的背后，可能有"寂寞"的情绪，也可能有"回家晚了，我担心你在哪里遇到危险"这样的顾虑。如果试着问"你是因为我不在而感到寂寞吗?"感情就得到理解了。

有时候，有些人不擅长说话，一旦情绪激动，眼泪就会先流出来。哭泣的背后有着"希望你能理解"的意图。对方说："怎么了？为了这样的事情吗?"不管怎样想要试探她的心情，她都会哭得更厉害："不对啊，你为什么不理解我呢?"这样就很难处理了。

眼泪被称为"水力量"，有操纵人心的力量。

只是哭而不向对方说明，对彼此都没有好处，还是尽量避免比较好。"我对你很失望""我被你轻视而愤怒"，至少要给对方一些提示。这也是一种训练。

另外，第三章中出现的方法和第四章的手记中出现的探索情感背后的想法和其他感情，都是相关例子。

情书法

写饱含深情的情书。这正是第四章酒井医生实践过的写情书的方法。递交给对方的时间，可以是结婚纪念日，也可以是生日。不需要每年都写。收到情书的人，会读很多遍。每次读的时候，都被感动了。

互相感谢法

每天都要互相感谢，然后把感谢的心情用语言传达给对方。第四章中登场的情侣把至今为止的事情和在今天的会谈中感受到的感谢写在纸上传达的“互相感谢法”就是一个例子。至今没有说过“谢谢”的人，刚开始可能会有不习惯的感觉，但是没有人会说“别跟我说那么多”，所以首先要试着去做。在持续做的过程中，就会在日常生活中习惯了。从能做到的事情开始，学习并实践这些“让关系更好”的方法，就能建立良好的伙伴关系。

秘籍 2

善用“同理心”的力量

同理心和同情是不同的

酒井医生只考虑自己开诊所，让自己的事业走上正轨，却没有发挥应有的同理心。

第二章也写了，阿德勒认为，同理心是“用他人的眼睛看，用他人的耳朵听，用他人的心灵去感受”，和共同体感觉是不可分割的。

经常有人将“同理心”和“同情”误认为是同一种东西，阿德勒心理学在对人际关系上各自的影响进行了详细的区分，请参考下页表格。

对对方或状况有“同理心”的话，没有问题，不过，如果抱着“同情”的心理的话，有时会带来危险或令人不乐见的后果。

比如，看不起对方，想要支配对方。在第四章的手记中，酒井医生也回顾过，自己的结婚生活，就是这样。第二章中出现的杀人事件加害者的丈夫也缺乏同理心。

同理心是可以通过不断训练来提升的。

阿德勒心理学把一个人特有的对事物的看法、价值观称为“个人逻辑”。每个人的个人逻辑都不一样。在承认私人逻辑差异的同时，理解并尊重他人的私人逻辑和现场的状况，将其引导到与他人之间能够理解的“共通感觉”，这是非常重要的，为此，桥梁就是“用他人的眼睛看，用他人的耳朵听，用他人的心去感受”的同理心。

同理心和同情的差异

	同理心	同情
基本	尊敬、信赖	支配
关心	对方	自己
感情	从信赖开始，可控	从同情开始，容易失控

我们生活到处都有同理心的训练机会。

比如通过看电影、看电视剧、读小说等，可以训练自己“像登场人物一样”的感情投入。另外，接受培训和咨询，或者通过对话的机会，和他人交换意见的同时，重视自己与他人的个人逻辑差异也能得到磨炼。从这个意义上说，只有通过向他人学习，也就是只有透过“共同培育”才能提高同理心。

同理心的训练机会，在我们周围无处不在。

首先，要知道自己是否有同理心。

如果没有，就要进行培养同理心的训练。

这就是我所提倡的，持续良好伙伴关系的秘籍2。

秘籍

3

保持适当神秘使关系更亲近

夫妻的成长需要“互相理解”

我相信离了一次婚的酒井医生和尚美两人一定会复合的。

当初互相不理解对方，以自己为中心生活，特别是她的丈夫酒井医生。夫妻同心协力，就是要理解对方，理解自己，承认差异，朝着共同的目标前进。如果不能做到这一点，就不能成为美满的夫妻。值得庆幸的是酒井医生变了。在实际的咨询中，也几乎听不到夫妻关系和谐后“最终离婚”或者“和伴侣分手”的情况。当然，也有极少数离婚的情况。那是丈夫或妻子中只有一方在成长的家庭。对方看起来非常贫乏，让人厌烦。

有“不受侵害的部分”，是理所当然的

夫妻的成长就是“互相理解”，但不需要在同一领域成长。理想的夫妇，共同点是30%左右，剩下的70%是神秘领域。没必要100%等同。因为会令人窒息。夫妻之间有神秘地带也不错。有“不明白的事情”“不侵犯的部分”，是理所当然的。重要的是，坦率面对，理解双方不同的70%左右部分。共同点为零，完全不重合也很困扰，共同点的部分占30%，最多50%左右就可以了。在各种各样的地方，坦率面对，“啊，这个不一样啊”，认识到有不一致的部分。这就是我所提倡的，持续良好伙伴关系的秘籍3。

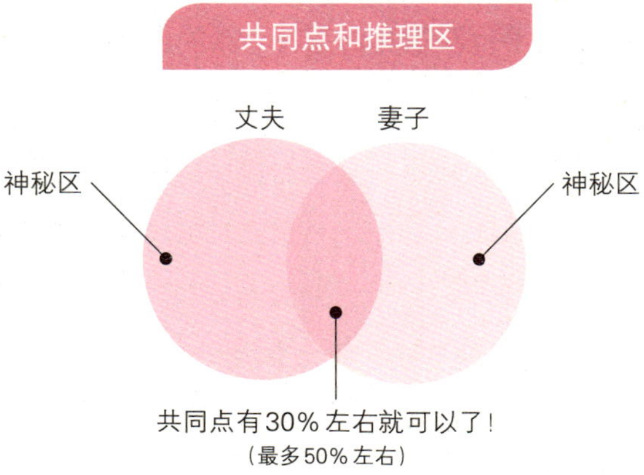

秘籍 4

结婚不是终点

很多时候，“最好的恋爱”不是“最好的婚姻”

当议论“恋爱和结婚是两码事吗”的时候，有不少人会认为“恋爱=结婚”。很多想在恋爱的延长线上结婚的人，即使结婚了也希望对对方有心动的感觉。但是，这可能是误解。虽然有时最完美的恋爱会成为最完美的婚姻，但实际上很多情况下并非如此。恋爱的妙处在于心动和强烈的嫉妒感，以及忐忑不安的情绪混杂在一起。比如，在自己喜欢的女性的影子中，如果有其他男性的影子出现，内心就会摇摆不安。包括这些事情，恋爱就会增加趣味。但是结婚后，被丈夫和妻子劈腿的话，肯定会吵架的。我觉得结婚对象不需要心动。恋爱时候被认为“无聊的女人”“无聊的男人”的人，成为好妻子、好丈夫的可能性很大。应该期待结婚对象的不是心动，而是“生活能力”和“合作能力”，这样就足够了。

夫妇一起经历种种成为最佳夫妻

所谓夫妇，会共同经历各种各样的活动。守护孩子的成长，照顾父母也是其中之一。如果是在这样的活动中能有合作的伙伴，那就太棒了。用身体交流也是合作的一种。人在恋爱中寻求刺激，在婚姻中寻求稳定。但是，如果恋爱开始有稳定感的话，就会一直不结婚。领导能力论中有句话叫作“on becoming a leader（成为领导）”，夫妻伙伴关系就是“on becoming a couple（成为情侣）”。为此，需要双方的努力成为情侣并不意味着就完成了，结婚之后还要经历各种各样的过程，才能成为最佳情侣。结婚有时被称为“终点”，但结婚其实是一个过程。这也许是恋爱的终点，但也是结婚的起跑线。结婚是夫妻双方互相合作，培养爱情应该重视过程。这就是我所提倡的，持续良好伙伴关系的秘籍4。

秘籍 5

不管怎么说还是“合作”

两个人面对爱的课题，进行积极沟通

至此，分享各种各样的实例，介绍了我认为的“保持良好伙伴关系的秘籍”。结婚的必要条件是决心和觉悟。并且互相体谅，有同理心，承认彼此不同的部分，正因为是不同的类型，所以要互补，坦率面对，一边成长一边进行交流，这才是最重要的。阿德勒心理学认为，“人不是环境和过去发生的事情的牺牲者，而是有自己创造命运的力量”（主权在自己）。你人生的主人公就是你。像酒井医生和尚美一样，面对彼此的“爱的课题”，有自我提高的可能性。前面已经说过了，酒井医生和尚美应该还是会复合吧。因为他们审视自己，发现错误，有改变的想法，并进行沟通训练，使其能够改正，并付诸实践。他们看起来好像比离婚前更加尊重对方，沟通也更加顺畅了。

环境造就人，人造就环境

最后，我们来看看酒井医生写给尚美的情书吧。

亲爱的尚美：

我们离婚已经有8个月了呢。马上就要到冬天了。荣一和你见面之后，病情稍微稳定了一些，虽然哮喘发作没有了，但还是有点担心异位性皮炎。

首先，谢谢你和我一起接受咨询的会谈。还有，偶尔过来与荣一见面，帮了我大忙。再加上，你上次送了父母最喜欢的柿子，他们收到的时候很开心哦。时隔10年写这封信，是为了坦率地表达我的心情。你愿意作为我的伴侣，作为荣一的母亲回来吗？在这8个月里，我意识到的是，在我至今为止的人生中，你是独一无二的存在。

我们在工作单位相遇，在工作上你就像医疗领域的前辈一样，不久我们成为恋人，然后结婚。之后，在经历了几次生活事件后，不知不觉间忽视了合作、共同成长。那个责任完全在于我。虽然我们一度选择了离婚，但我们并没有互相憎恨。

在失去你，甚至通过心理咨询找回自我的过程中，我再次认识到尚美你对我来说是一个无可替代的伴侣。

我想，你之所以一下子回忆起了童年时代对男性的印象，也是因为缺乏彼此之间的信赖感。你在手记里写着，你在离婚前和离婚后就像回到了“心灵的故乡”一样，那么能和我们一起再重新走一次吗？请你一定要回来！作为我的伴侣，作为荣一的母亲，为了对我们的未来仍有期待的人。但是，即使我们以尊敬、信赖为基础建立了合作关系，两个人未来的道路也不会平坦。也会有意外的苦难在等待着我们吧。有时可能会有动摇的时候。这种时候也要发挥忍耐力和宽容的精神，共同克服困难。

包含着比第一次求婚时多出好几倍的“真心爱你”的深情。

酒井医生和尚美的变化传达了阿德勒心理学的下面这一句话。

我们不是被过去的环境和习惯支配，我们可以支配它们。

我们有可能会像尚美小姐一样，想回到“心灵的故乡”，或者回到过去。但是，过去的环境和习惯对我们并没有决定性的影响。引用阿德勒经常说的话，应该关注“环境造就人，人造就环境”的“人造就环境”。结婚前和结婚后都毫无困惑地度过的人是极其罕见的。正如酒井医生所写，意外的苦难也在等待着，有时也会有动摇的时候。这种时候也要发挥耐心和宽容的精神，相信在相互尊重、相互信赖的基础上保持合作关系不动摇的活力就存在于你心中。这是我所提倡的保持良好伙伴关系的秘籍5，同时我想以阿德勒的得意门生，《怎样才能幸福》的作者精神科医生W.B.沃尔夫的这句话为结尾，结束这一章。

要想好好地爱，就必须好好地生活。

要想聪明地生活，就必须好好地爱。

图书在版编目（CIP）数据

阿德勒的恋爱秘籍 ：让火星金星更贴近 / （日）岩井俊宪著 ；汤永隆译. — 杭州 ：浙江人民出版社，2023.1

ISBN 978-7-213-10902-7

Ⅰ. ①阿… Ⅱ. ①岩… ②汤… Ⅲ. ①恋爱心理学-通俗读物 Ⅳ. ①C913.1-49

中国版本图书馆CIP数据核字(2022)第247863号

浙江省版权局
著作权合同登记章
图字:11-2019-137号

阿德勒的恋爱秘籍:让火星金星更贴近

[日]岩井俊宪 著 汤永隆 译

出版发行: 浙江人民出版社（杭州市体育场路347号 邮编 310006）
市场部电话:(0571)85061682 85176516
责任编辑: 潘玥岑
营销编辑: 陈雯怡 陈芊如 张紫懿
责任校对: 姚建国
责任印务: 幸天骄
封面设计: 刘 俊
电脑制版: 杭州兴邦电子印务有限公司
印 刷: 杭州钱江彩色印务有限公司
开 本: 787毫米×1092毫米 1/32 印 张: 5.25
字 数: 82千字 插 页: 2
版 次: 2023年1月第1版 印 次: 2023年1月第1次印刷
书 号: ISBN 978-7-213-10902-7
定 价: 38.00元

如发现印装质量问题，影响阅读，请与市场部联系调换。